어른의 말공부

カドを立てずに自分を通す 大人の言葉力
齋藤孝 著
株式会社 大和出版 刊
2019

OTONA NO KOTOBARYOKU
by Takashi SAITO
First published in Japan by Daiwashuppan Inc., Tokyo.

Copyright ⓒ 2019 by Takashi SAITO
All rights reserved.

Korean Translation Copyright ⓒ 2021 by The Business Books and Co., Ltd.
Korean translation rights arranged with PHP Institute Inc., Tokyo
through Danny Hong Agency, Seoul.

이 책의 한국어판 저작권은 대니홍 에이전시를 통해
저작권자와 독점 계약을 맺은 (주)비즈니스북스에게 있습니다.
저작권법에 의해 국내에서 보호를 받는 저작물이므로 무단 전재와 복제를 금합니다.

말투 하나로 적을 만들지 않는

어른의 말공부

사이토 다카시 지음 | 황미숙 옮김

비즈니스북스

어른의 말공부

1판 1쇄 발행 2021년 1월 8일
1판 9쇄 발행 2025년 4월 22일

지은이 | 사이토 다카시
옮긴이 | 황미숙
발행인 | 홍영태
편집인 | 김미란
발행처 | (주)비즈니스북스
등 록 | 제2000-000225호(2000년 2월 28일)
주 소 | 03991 서울시 마포구 월드컵북로6길 3 이노베이스빌딩 7층
전 화 | (02)338-9449
팩 스 | (02)338-6543
대표메일 | bb@businessbooks.co.kr
홈페이지 | http://www.businessbooks.co.kr
블로그 | http://blog.naver.com/biz_books
페이스북 | thebizbooks
인스타그램 | bizbooks_kr
ISBN 979-11-6254-184-5 03190

* 잘못된 책은 구입하신 서점에서 바꾸어 드립니다.
* 책값은 뒤표지에 있습니다.
* 비즈니스북스에 대한 더 많은 정보가 필요하신 분은 홈페이지를 방문해 주시기 바랍니다.

비즈니스북스는 독자 여러분의 소중한 아이디어와 원고 투고를 기다리고 있습니다.
원고가 있으신 분은 ms1@businessbooks.co.kr로 간단한 개요와 취지, 연락처 등을 보내 주세요.

머리말

일상에 품격을 더하는 어른의 말하기

현장 근무를 오랫동안 해온 A는 팀장이 되어 팀원에게 이렇게 지시한다.

"이거 해놔."

그의 말에 순간 팀원들의 분위기가 미묘하게 바뀌었지만 A는 눈치채지 못한다. A의 지시를 받은 팀원이 움직이고 일단 일이 진행되니 업무에 별다른 지장은 없다.

또 다른 팀장 B도 팀원에게 지시를 내린다. 하지만 말하는 방식이 A와는 살짝 다르다.

"○○씨, 이거 해놓을래요?"

당신이라면 A, B 중 어떤 팀장과 일하고 싶은가?

요즘은 B처럼 말하는 팀장에게 더 호의적이다. B의 말하기 방식은 상대방을 존중하면서 자신의 의도를 전달하는 어른의 화법이라 할 수 있다. A와 같이 말하는 팀장은 '정말 무례해', '좀 구식이야'라며 멀리하게 된다.

아마 A는 이렇게 말할지도 모른다.

"똑같은 내용을 단지 의문문으로 바꾼 것뿐이잖아. 그게 무슨 의미가 있어. 나는 젊은 사람들한테 잘 보일 생각 없어."

하지만 이 생각은 틀렸다. 말하는 방식은 마음을 쓰는 방식과 같다. 이는 사람을 움직이는 법과도 다르지 않다. 예전에는 일상적으로 사용했던 표현이나 말투가 지금은 상대방에게 불쾌하고 무례하게 전달될 수 있다.

상대방을 무시하거나 너무 무신경해도 미움을 받게 되고 몇 년이 지난 후에는 고집 센 상사나 꼰대 취급을 받을지도 모른다. 상대의 기분을 고려해 말을 부드럽게 한다고 해서 자신의 의도대로 모든 사람을 움직일 수 없다는 것은 B도 잘 알고 있다. 하지만 시대의 흐름에 맞춰 다른 사람들을 배려하는 말하기를 할 필요도 있다.

지난 30년은 권위적이고 딱딱한 관계에서 세련되고 부드러운 관계로 전환하기 위한 시대였다고 할 수 있을 만큼 커다란 변화가 있었다. 이는 우리의 가치관과 행동의 변화로 이어졌고 우리가 매일 쓰고 듣는 '말'로 집약되었다.

예를 들어 '논의'라는 단어만 해도 그렇다. '논의'의 사전적 의미는 '어떤 문제에 대하여 서로 의견을 내어 토의하다'로 과거에는 깊이 있는 의미로 지혜를 모아 현재 상황을 타개하려 한다는 긍정적인 이미지였다. 하지만 오늘날의 '논의'란 단어는 조금 부정적인 느낌이 든다. 대다수 사람들이 '논의'는 '감정적인 대립을 심화시킨다', '그럴 시간에 아이디어를 내는 게 더 낫다'라고 생각한다.

'야단을 치다'라는 문장도 마찬가지다. 과거에는 '잘못된 일에는 다소 화를 내도 괜찮다. 진심은 반드시 통한다'고들 했다. 하지만 점차 '감정적으로 화내지 마라. 이성적으로 야단을 쳐라'로 바뀌었다. 이마저도 야단치지 않고 가르치는 것이 효과적이라는 인식이 높아졌고 이제 야단을 친다는 말은 '사어'死語라고 말하는 사람들도 있다. 여러 시대를 거쳐 수많은 대학생을 가르쳐온 내가 느끼기에도 다르지 않다.

앞에서 예로 든 A와 B, 두 사람의 차이는 각 개인의 능력이나 개성이라기보다는 '언어력'에 있다고 할 수 있다. A에게 나쁜 의도는 전혀 없었다. 다만 B처럼 말의 어미만 부드럽게 바꾸어도 사람의 인품이 달라 보이는 것은 사실이다. 말하는 방식만 바꿔도 A 역시 훨씬 자연스럽고 기분 좋게 사람들을 대할 수 있을 것이다.

마음은 내가 하는 말로 드러난다. 이를 뒤집어 말하면 말하는 방식을 바꾸면 마음도 태도도 달라진다. 또한 말투가 달라지면 경직되었던 인간관계도 훨씬 유연해지고 안정된다.

말하는 방식을 바꾸는 방법은 많다. 앞의 예처럼 어미를 바꾸는 것은 쉬운 편에 속한다. '부정적인 단어 사용하지 않기', '상대방의 말을 끊지 않으면서 자신의 이야기 전달하기', '적극적인 리액션으로 공감하기' 등 다양하다. 이 책에는 그중에서 비즈니스 상황에서 사용할 수 있는 중요한 내용들을 엄선해 담았다. 이 책이 당신의 언어의 품격을 높이는 좋은 길잡이가 되리라 믿는다.

만약 자신에게 이런 훈련이 필요 없다고 생각한다면 어쩌면 당신도 A와 같은 유형일지도 모른다. 또 말투 하나 바꾸는 것이 무슨 큰 차이가 있겠냐고 생각할 수도 있다. 하지만 사소한 말 한마디로 그 사람의 관계 내공이 훤히 보이는 법이다. 직장에서 혹은 인간관계에서 왠지 모르게 말투에 '날이 서 있다'고 자주 느낀다면 이 책을 통해 관계에 깊이를 만들고, 소통에 지혜를 더하고, 태도에 진심을 불어넣는 단단한 대화 내공을 기를 수 있기를 바란다.

사이토 다카시

차례

머리말 일상에 품격을 더하는 어른의 말하기   5

제1장 사소한 말버릇이 당신의 얼굴이 된다
항상 긍정적인 인상을 주는 어른의 말하기

당신과의 대화가 어렵고 불편한 이유	19
상대방의 이야기에 일단 공감한다	22
부정적인 내용일수록 표현은 긍정적으로	25
칭찬의 기준을 낮추면 장점이 보인다	28
적극적인 리액션은 사람을 성장시킨다	31
10초만 투자해도 인상이 달라진다	34
어떤 상황에서든 기분 좋은 태도를 유지한다	38

나는 평균이라는 생각의 함정	41
누구도 완벽한 답을 기대하지 않는다	43
관계의 시작은 말을 고르는 일부터다	46
때로는 알면서도 모르는 척해야 한다	49
위압적인 화법은 피하는 것이 좋다	52
사과는 일어난 상황에 대해서만 한다	55
변명과 거짓말의 유혹을 이기는 팩트의 힘	58
SNS의 악의 없는 속임수에 주의한다	60

제2장 좋은 관계는 거절의 순간에도 만들어진다
갈등은 피하고 적을 만들지 않는 어른의 말하기

상처 주지 않고 거절하는 법	65
대안을 제시하는 것도 하나의 방법이다	68
상대로 하여금 거절하게 한다	71
처음부터 단칼에 거절하지 않는다	73
밝은 목소리로 거절한다	76
첫마디를 사과로 시작한다	78
웃으며 이야기를 끝내는 고도의 기술	81

거절의 경험치는 횟수와 태도의 곱셈이다   84
끈질긴 상대에겐 솔직하게 이유를 밝힌다   87
심리적 거리를 존중하는 법   90

제3장 사람을 움직이는 리더는 변화율을 읽는다
혼내지 않고 성장시키는 어른의 말하기

질책보다 객관적인 데이터를 활용한다   95
기분을 긍정적으로 바꿔주는 3초의 여유   99
좋은 면을 포착하는 것이 칭찬의 고수다   102
방향에 대한 확신만 주어도 동기부여가 된다   104
성장의 절댓값이 아니라 변화율을 살펴라   107
분위기만 바꿔도 수치는 저절로 향상된다   110
결과가 아니라 방향성을 바라봐준다   113
완벽주의에서 벗어나라   116
문제점은 번호를 매긴다   119
무작정 가르치기보다 조언으로 이끈다   121

야단치는 것은 아이를 훈육할 때만	124
화는 조절해야 하는 감정이다	127
더 나아지려는 태도를 유지한다	129
자화자찬은 한마디면 충분하다	132

제4장 말 잘하는 사람은 타이밍을 놓치지 않는다
부담 주지 않고 신뢰를 쌓는 어른의 말하기

상대에게 득이 되는 일만 제안한다	139
상대의 시간을 배려하는 의뢰의 태도	142
선택지를 준비해 상대의 시간을 절약한다	145
조건을 명확히 전달한다	148
거절의 에너지를 줄여준다	151
재의뢰를 위한 효과적인 '한마디 기술'	153
모든 의뢰는 개별적으로 진행한다	157
감사 인사는 세 번 이상 한다	159
의뢰 후 진행 상황을 반드시 확인한다	163

제5장 온화하게 말할수록 말의 힘은 더 강해진다
결정적인 순간에 상황을 주도하는 어른의 말하기

논의가 비생산적으로 흐르는 이유	169
화자를 기호화해 의견과 감정을 분리한다	172
대립구도를 만들지 않는다	174
굵직한 아이디어를 끌어내는 법	176
가벼운 압박으로 아이디어를 끌어내는 법	178
작은 배려로 이야기를 똑똑하게 전환한다	181
화제를 전환할 때를 구별하는 법	184
예상외의 일을 예상할 수 있는 일로 바꾸는 법	187
개인을 탓하지 않고 해결하는 '시스템 싱킹'	190
논의는 최대한 간결하게 마무리한다	194
감정이 드러나는 말에 주의한다	197
분노의 6초를 참으면 말이 부드러워진다	200
비교는 공정하고 종합적으로 한다	202

제6장 품격 있는 한마디로 관계 내공이 드러난다
언제 어디서나 존재감을 높이는 어른의 말하기

공통 화제로 상대방의 흥미를 끌어낸다	209
잡담 체력이 없는 사람을 구분하는 법	213
좋지 않은 분위기로부터 멀어지는 타이밍	216
낯선 모임에선 분위기 메이커를 먼저 찾아라	218
리액션에도 효과적인 원칙이 있다	221
웃음은 가장 탁월한 리액션이다	224
때로는 침묵이 답이다	226
어떤 순간에도 상대방의 말을 가로채지 않는다	229
이야기의 적정한 길이를 자각한다	232
좋은 대화를 이끌려면 좋은 질문이 필요하다	234
마음이 편안해야 대화도 잘 풀린다	237

제1장

사소한 말버릇이 당신의 얼굴이 된다

항상 긍정적인 인상을 주는 어른의 말하기

일러두기
본문에 나오는 기호는 다음과 같은 뜻이다.
◎ 상대방에게 긍정적인 느낌을 주는 어른의 말하기
△ 상황에 따라 거부감을 줄 수도 있는 말하기
× 불쾌하거나 무례한 인상을 주는 말하기

당신과의 대화가
어렵고 불편한 이유

말주변이 없는 것도 아닌데 종종 대화가 통하지 않거나 상대방에게 보이지 않는 벽을 느낀 적이 있는가?

- 내 이야기가 제대로 전달되지 않는다.
- 의견 대립으로 상대방과 어색해지는 일이 잦다.
- 젊은 사람들과의 대화가 특히 어렵다.

이러한 문제는 대체 왜 생기는 걸까? 주된 원인은 아마도 주위 사람과의 대화법에 '균열'이 발생해서일 것이다. 세대나 성격 차이로 미묘하게 균열이 생기는 것은 당연하다. 하지만 이런 일이 거듭되면 상대방은 '말이 안 통하는 사람이네', '나랑 가치관이 너무 달라', '나이 차이가 많이 나지도 않는데 정말 꼰대구나' 하고 더 이상 관계를 발전시키거나 대화를 할 필요성을 못 느끼게 된다.

이를 해결하려면 우선 균열을 알아차려야 한다. 말은 자기도 모르게 내뱉기 마련이라 스스로 인지하지 못하면 고칠 수 없다. 균열이 생긴 것을 깨달았다면 최근 크게 달라진 대화 방식이나 가치관에 맞춰 잘못된 습관을 고치고 말하는 방식을 조금씩 교정하면 된다. 이렇게 하면 생각보다 쉽게 좋은 인상과 신뢰감을 주는 어른의 화법을 익힐 수 있다. 어려운 훈련이 아니니 당장 실천해보자.

우선 '그런데', '하지만', '그렇다고는 해도', '아니', '그게 말이야' 등의 역접 표현을 사용하지 않도록 하자. 역접으로 자신의 이야기를 연결하기보다 요즘은 상대의 의견에 우선 긍정하면서 이야기를 진행한다. "하지만 말이야…"를 자주 쓰면 대화가 막히는 기분이 들고 상대방은 짜증을 느끼게 된다. 그중에는 상대방의 이야기에 동의하는 경우라도 습관적으로 "그렇긴 한

데.", "내 생각은 다르지만 어쩔 수 없지." 하고 불필요하게 부정적인 단어나 표현을 습관처럼 사용하는 사람도 있다. 원활한 대화를 가로막는 표현은 최대한 생략하고 긍정적이고 공감을 표하는 방식으로 대화를 이어가보자.

> ✗ **하지만** 그렇게 할 수밖에.

> ◎ **그래,** 그렇게 하자.

"그렇게 할 수밖에 없지."라고 말하는 것보다 "그래, 그렇게 하자."라고 말하는 편이 훨씬 긍정적인 인상을 준다. 물론 '그렇게 말하면 내 의견을 제대로 전하지 못하는 게 아닌가' 하고 생각할지도 모른다. 하지만 실제로 대화에 적용해보면 자신의 의견을 전달하는 데 큰 영향을 주지 않는다는 것을 알게 될 것이다.

상대방의 이야기에
일단 공감한다

사실 대화는 '과연', '그렇군요'라는 표현만으로도 순조롭게 이어진다. 상대의 의견에 '그렇지 않다'고 느껴도 일단 "그렇군요." 하고 동의해보자. 자신의 의견을 말하고 싶을 때도 "과연 그렇군요." 하고 상대의 의견에 충분히 공감하고 이해했음을 표현하는 것이다.

일단 공감한 후에 "그렇군요. 제 생각은…", "과연 그렇군요. 그 말을 듣고 생각이 났는데요." 하며 논점을 조금씩 바꾸면 된다. 그리고 천천히 대화의 흐름을 내 쪽으로 끌어들인다. 상대방의 이야기를 들으면서 내가 의도한 방향으로 조금씩 대화를 주도하는 것이 어른의 화법이다.

> ✕ 아니, **그건 아니지요.** 제 생각은 A입니다.

> ◯ 과연 **그렇군요.** 그렇게 말씀하시니 생각이 났는데 A 방향으로도 생각해볼 수 있지 않을까요?

상대방의 말이 끝나자마자 "아니, 그건 아니지요."로 대화를 이어나가는 것과 "그렇군요. 그렇다면 A 방향으로 더 생각해볼 수 있지 않을까요?" 하고 자신의 의견을 덧붙이는 것을 비교해보자. 어떤 말에 좀 더 귀 기울이게 되는가?

상대방의 이야기에 긍정한 후 말을 시작하면 상대방은 자신의 이야기를 공감해 주었기에 대화에 제동을 건다는 느낌을 받지 않는다. 결과적으로 상대방도 부정적인 인상 없이 내 의견을 듣게 되므로 대화는 자연스럽게 내가 의도하는 방향으로 흘러가게 된다.

상대방의 의견에 반대하지 않고 대화의 흐름을 유지하면서 내 쪽으로 이야기의 방향을 바꾸는 것. 대화를 할 때 이러한 '흐름의 감각'을 아는 것은 매우 중요하다. 이는 합기도를 할 때와 유사하다. 합기도에서는 상대방이 나에게 힘을 가했을 때 상대의 힘을 정면으로 받아치는 것이 아니라 둥글게 받아넘기는 기술이 중요하다. 테니스나 탁구에서도 '공을 받는 것은 공을 치는 것과 같은 행위'라고 한다. 대화도 이와 비슷하다. 이야기하는 것과 듣는 것은 전혀 다른 행위 같아도 동일한 경우가 많다. 상대방의 말을 잘 받아서 둥글게 던져준다면 결국 자신의 이야기를 하는 것과 같다.

앞으로는 대화를 할 때 '하지만', '그런데', '그렇다고는 해도', '아니', '그렇지만' 등의 표현을 최대한 줄여보자. 자기도 모르게 깜빡하고 써버리는 정도는 어쩔 수 없다. 하지만 사용하지 않겠다고 마음먹으면 부정적인 표현을 훨씬 줄일 수 있다. 이 점이 중요하다. 몇 번만 해보면 대화가 좀 더 부드럽게 이어지는 것을 실감할 수 있을 것이다. 그리고 여기에서부터 굳이 강하게 말하지 않아도 자신의 말의 힘이 저절로 점점 더 강해지는 것을 느낄 수 있을 것이다.

부정적인 내용일수록
표현은 긍정적으로

부정적인 표현을 의식적으로 긍정적인 표현으로 바꿔 말하는 것은 품격 있는 어른의 말하기를 위한 좋은 방법이다.

예를 들어 업무를 하다보면 함께 일하는 팀원에게 '그런 것도 못해?', '이래서야 일을 맡길 수 있겠어?'라고 말하고 싶은 생각이 치밀어 오를 때가 있다. 하지만 꾹 참고 절대 입 밖으로 내지 말자. 한 호흡 쉰 후에 이렇게 긍정적인 방향으로 바꾸어 말해보자. "이렇게 하면 더 잘 될 거야."

> ✕ 이것도 **못해서야** 앞으로 일을 **맡길 수 있겠어?**

> ◎ 이렇게 해보면 어떨까? **이 방법이 더 나을 거야.**

'이런 것도 못해서야 앞으로 일을 맡길 수 있겠어?'라는 말에는 부정이 이중으로 들어가 있다. 과거에는 이런 식으로 상대방을 질타하는 것도 격려라고 여기기도 했다. 나는 그런 시절부터 '인간은 부정적인 말과 긍정적인 말 중 어느 쪽을 들었을 때 더 성장할까?'라는 의문에 대학에서 강의를 하면서 여러 가지 실험을 해보았다.

결론적으로 시대가 바뀔수록 긍정적인 말을 들었을 때 '의욕이 생긴다'고 반응하는 학생이 많았다. 부정적인 말을 듣거나 혼날수록 더 위축되고 잘해보고자 하는 마음이 불타오르지 않는다. 마음이 여린 사람들이 늘어난 것이다.

여기서 '마음이 여리다'는 표현을 '마음이 쉽게 꺾인다'는 뜻으로 받아들이지는 말자. 그것이야말로 부정적인 사고로 이어지는 지름길이다. 긍정적인 말이 환영받는 시대임을 직시하자는 것이다. '마음이 다치지 않도록 좀 더 긍정적으로 표현하려고 노력하는 것'이 어른의 태도다.

구체적인 예를 들면 무뚝뚝한 사람에게 "자신만의 생각이 분명한 타입이군.", "남들에게 억지로 잘 보이려고 하지 않는 사람이야."라고 바꾸어 말할 수 있다. 뻔뻔한 사람에게는 "밀고 나가는 추진력은 따라갈 수가 없어.", "협상에 아주 능해." 하고 긍정적으로 바꿀 수 있다.

언제나 긍정적인 태도로 말하려고 노력해야 한다. 이 외에도 인터넷에서 검색하면 부정적인 단어를 긍정적으로 바꿀 수 있는 다양한 표현들을 찾을 수 있다. 말은 하기 나름이다.

칭찬의 기준을 낮추면
장점이 보인다

긍정적인 화법을 빨리 익히고 싶다면 칭찬을 하는 것이 가장 효과적이다. "어디 칭찬할 구석이 있어야 칭찬을 하지."라고 말하는 사람이 있는데, 누구나 찾아보면 분명 칭찬거리가 있다. 아직 발견하지 못했을 뿐이다. 이제부터라도 상대방의 단점보다는 장점을 찾는 습관을 가져보자.

나는 학생들에게 '일주일 동안 주위 사람들 칭찬하기'라는 과제를 낸 적이 있다. 이 과제를 통해 관계가 좋아졌다는 이야기가 지속적으로 나왔다. '아르바이트를 함께하는 선배와 동료

들을 은근슬쩍 칭찬했더니 일주일 만에 서먹했던 관계가 매우 좋아졌다', '여동생의 행동에 대해 매일 칭찬했더니 나에게 과자를 나눠주기 시작했다. 이런 적은 처음이다' 등 효과가 다양했다.

칭찬은 상대방에 대한 평가의 중심을 마이너스에서 플러스로 바꾸는 일이다. 상대를 바라보는 관점을 조금만 바꾸어도 효과가 바로 나타난다.

> ✗ 저 친구는 칭찬할 데가 **하나도 없어.**

> ◎ 실수가 잦지만 그만큼 성장할 **가능성이 무한한 친구야.**

강의 시간에도 학생들에게 '서로 칭찬하기'를 시킨 적이 있다. 먼저 네 명씩 팀을 짠다. 네 명 중 한 명에게 서예, 그림 그리기 등 자신이 못하다고 생각하는 것을 시킨다. 나머지 세 명이 이를 지켜보며 "못한다고 하더니 전혀 그렇지 않잖아!", "굉장히 잘하고 있어." 하고 칭찬을 하는 식이다.

이렇게 순서대로 돌아가면서 서로를 칭찬하자 학생들 전원이 '매우 기분이 좋았다'고 소감을 말했다. 강의를 마무리하면서는 칭찬을 적절하게 한 사람에게 투표해서 칭찬 고수를 뽑도록 했다. 칭찬 고수로 선정된 학생은 자신의 칭찬을 좋게 평가해주어서 감동했다며 즐거워했다. 강의를 마친 후 학생들과 엘리베이터를 함께 탔는데 강의가 어땠냐고 물어보니 "매우 도움이 되었다. 지금은 이 엘리베이터조차 칭찬할 수 있을 정도"라며 웃었다.

중학교 교사인 제자 A에게 이런 이야기를 들은 적도 있다. 성적도 좋지 않고 글씨도 잘 못 쓰는 학생이 있었다. 어느 날 A는 서예 시간에 그 학생이 쓴 글씨의 한 부분을 보고 반 학생들 앞에서 "이 삐침 획은 굉장히 멋지구나. 다들 한번 이 글씨를 따라 해보렴." 하고 칭찬했다. 그러자 그 학생의 서예 실력이 놀랄 만큼 빨리 향상되었다. 칭찬에 힘입어 서예 학원을 다니기 시작했고 성격도 긍정적으로 바뀌었다고 한다.

이렇듯 칭찬은 화분에 심은 식물에 햇볕을 쬐어주는 일과 같다. 식물은 햇볕이 닿은 방향으로 잘 자란다. 사람도 마찬가지다. 자신을 향하는 햇볕 쪽으로 성장하는 법이다. 긍정적인 평가를 받으면 의욕이 높아진다.

적극적인 리액션은
사람을 성장시킨다

누군가를 칭찬할 때는 무엇이 어떻게 좋은지를 구체적으로 전달하는 것이 좋다. 때로는 그것이 어려울 때도 있다. 기준을 낮추고 짧게라도 좋으니 우선 상대방의 긍정적인 면을 찾아 칭찬하는 것이 중요하다.

영어 선생님이 되기 위해 공부하는 학생들을 가르칠 때였다. 나는 학생들에게 이런 제안을 했다.

"영어 발음을 가르칠 때, 학생들에게 영어 노래를 부르게 하는 것은 매우 좋은 방법입니다. 그 경우에 선생님이 솔선해서 노래를 불러야 하지요? 다음 주에 한 명씩 돌아가며 영어 노래를 부르도록 할 테니 준비해오세요."

그러자 학생들은 '싫다', '창피하다'며 난리가 났다. 나는 학생들을 진정시키며 이렇게 말했다.

"노래를 하라는 것만으로도 스트레스를 받는군요. 그러니 듣는 사람들은 얼마나 재미있겠어요? 즐겁게 창피한 모습을 보여주세요."

다음 강의시간에 나는 학생들에게 예고한 대로 돌아가며 노래를 하게 했다. 강의를 마무리하며 소감을 물으니 의외의 반응이 쏟아졌다. 모두 입을 모아 "듣는 사람들이 즐겁고 편하게 들으니 스트레스 없이 노래했어요. 막상 노래를 해보니 기분이 더 좋아졌어요."라고 하지 않겠는가. 심지어 노래를 더 하고 싶다고 해서 강의시간마다 학생들이 자발적으로 노래를 부르기도 했다.

칭찬을 할수록 학생들의 노래 실력이 놀랄 만큼 향상되었다. 실력이 좋아지니 리액션도 더욱 커진다. 친구들의 큰 호응에 자신감도 생긴다. 선순환 효과가 나타나는 것이다. '청중이 가수를 만든다', '청중이 연사를 만든다'는 말처럼 웃음과 박수, 호의적인 시선 등의 리액션은 사람을 성장시킨다.

자, 본론은 지금부터다. 이제는 그냥 즐겁게 듣기만 하는 것이 아니라 '노래를 들은 청중은 영어로 칭찬을 해야 한다'는 규칙을 정했다. 순서를 정해두고 돌아가며 한마디씩 칭찬하는 식이다. 단, 꼭 문장이 아니라 단어로 칭찬해도 된다는 조건을 걸었다. '영어 칭찬 백 마디'를 정리해 미리 보여주기도 했다. 그러자 "엑설런트!", "굿 잡!", "그레이트!", "언빌리버블!", "판타스틱!" 등 적극적으로 칭찬이 쏟아졌다. 영어에 이처럼 다양한 표현이 있다는 사실에 놀랐다. 엄밀히 말하면 제대로 된 영어 칭찬이라고 보기 어려울 수도 있다. 하지만 계속 말하고 표현하게 하자 분위기가 뜨거워졌다. 칭찬을 할수록 마음 편하게 입을 열 수 있게 된 것이다.

앞 사례의 학생들처럼 영어를 섞어서 말해도 좋고 칭찬의 표현을 한정시키지 않길 바란다. "훌륭하다!", "최고다!", "멋지다!", "프로 같다!" 등 적극적으로 일단 소리 내어 칭찬을 하는 게 중요하다. 기준을 낮춰 상대방의 장점을 찾고 어휘의 폭을 넓히면 된다.

10초만 투자해도 인상이 달라진다

말의 인상은 표정과 목소리에 따라 완전히 달라진다. 이때 핵심은 '가벼움'이다. 요즘은 너무 무게감이 있거나 부담스러운 사람을 선호하지 않는다. 그러니 몸을 늘 가볍게 만들어두는 것이 중요하다. 그러면 마음이 열리면서 대화와 리액션도 더 자연스럽고 원활해진다.

상냥함, 융통성이 느껴지는 가벼움을 온몸으로 표현해보자. 막 목욕을 마치고 나온 듯한 상쾌함, 시원한 맥주를 한 잔 들이켰을 때의 느낌, 아이 같은 활기차고 밝은 기운 등을 떠올려보자.

평소에도 그런 감각을 10초 만에 가질 수 있다. 발이 땅에서 살짝 뜨도록 두세 번 정도 제자리에서 점프를 하면 된다. 나는 신체기법을 전공하기도 해 몸을 가볍고 부드럽게 만드는 방법을 연구하고 실천해왔다. 그중에서 가장 간단한 방법이 살짝 점프해 몸을 흔드는 일이다. 후후 하고 숨을 내뱉으면서 점프하면 산소도 들이마시게 되니 몸에 활력이 생긴다. 표정이 확연히 밝아지고 목소리도 경쾌해진다.

주요 거래처를 방문하기 전, 혹은 중요한 미팅이나 수업을 하러 교실에 들어가기 전에 한번 시도해보자. 그러면 상대방의 얼굴을 보자마자 "아! 안녕하세요!" 하고 자연스레 밝은 표정이 지어질 것이다.

과거에는 다소 차갑고 어두운 인상이어도 '진중한 사람', '차분한 사람'이라며 호의적으로 평가하기도 했다. 하지만 요즘은 '무뚝뚝하다'거나 '느낌이 별로'라는 이야기를 듣는다. 사회성이 떨어지는 것처럼 보이기 때문이다. 지금은 표정과 목소리에 경쾌함을 중시하는 시대다. 영화배우처럼 중후함이 멋지게 드러나는 사람이라면 말이 없든 무뚝뚝하든 모두에게 통한다. 하지만 보통 사람이 영화배우처럼 분위기를 잡으려고 하면 부담스러울 뿐이다.

전국 고등학교 야구선수권대회를 본 적이 있는가? 예전보다 선수들의 표정이 매우 밝아졌다. 실수를 해도 괜찮다며 서로 웃어준다. 그런 밝은 팀이 전력도 강한 경우가 많다. 물론 실수를 해도 실실 웃기만 할 뿐 책임감도 반성도 없는 팀은 예선을 통과하지 못한다. 그러니 전국 야구선수권대회까지 와서 밝게 웃는 선수들은 책임감도 있고 자신의 실수에 대해 충분히 반성하는 선수들이라고 볼 수 있다.

물론 이들도 실수를 한다. 그럴 때마다 침울해한다면 계속해서 실수를 반복하게 된다. 실수를 했을 때 당장 반성을 요구하기 보다는 "지금 한 실수는 마음에 담아두지 말고 다음 경기에 더 집중하자." 하고 격려하는 편이 더 낫다. 즐거운 기분으로 경기에 임해야 경기력도 향상되고 경기에 집중할 수 있다.

△ **실수를 반성하고** 다음 경기에 임하도록 해.

◎ 실수는 **마음에 담아두지 말고** 다음 경기에 집중해.

가벼움이란 시도 때도 없이 수다를 떠는 경박함과는 다르다. 경박한 사람은 신뢰도 떨어지고 성가시게 여겨질 뿐이다. 기본적으로 늘 기분 좋은 상태를 유지하는 것. 문제가 있어도 긍정적인 태도로 대처하는 것. 그것이 어른에게 진정으로 필요한 가벼움이다.

어떤 상황에서든
기분 좋은 태도를 유지한다

나는 2005년에 《좋은 기분의 예의》上機嫌の作法라는 책을 냈고 2018년에는 《기분 나쁜 상태는 죄》不機嫌は罪である라는 다소 과격한 제목의 책을 냈다. 이 역시 시대의 흐름이었다고 생각한다.

1980년대 말까지는 권위적이고 굳은 표정과 태도의 사람도 상사가 될 수 있었다. 직원들이 상사의 말에 순순히 따라주었기 때문에 특별한 문제없이 관계가 유지되었을 것이다.

이렇듯 과거에는 리더의 태도를 크게 문제 삼지 않았다. 심지어 잘난 사람들은 원래 과묵한 법이라고 여기는 분위기마저 있었다. 하지만 점차 권위적이고 가부장적인 상사나 부모에게 맞춰주는 일이 무의미하다고 느끼게 되었다. 기분이 좋지 않은 상태에 대한 허용도가 낮아진 셈이다. 그래서 나는 《좋은 기분의 예의》라는 책을 냈다.

이후 시대는 더욱 급변했다. '기분 좋은 상태가 당연한 것'이라고 여기게 되었고 살짝이라도 불쾌해 보이는 표정이나 행동을 하면 갑질이라는 평을 듣게 되었다. 이에 나는 《기분 나쁜 상태는 죄》라는 책을 통해 강도를 높였다.

과거에는 회사에서 실수를 한 직원에게 "뭐 하는 거야! 머리는 폼으로 달고 다녀?"라고 소리를 질러도 갑질이라는 소리를 듣지 않았다. 반면 지금은 모두가 있는 자리에서 강하게 질책하지 않는다. "아이고 저런. 또 실수했군." 정도의 언급을 한 후 "기운 내." 하고 격려하는 식이다. 최근 들어서는 여기서 더 나아가 실수에 초점을 맞추기보다 "자, 어떻게 하면 좋을까?" 하고 해결안을 찾는 쪽으로 빨리 넘어가는 분위기다. 실수를 두고 왈가왈부할 시간이 있다면 재빨리 해결책을 생각해내는 데 시간을 더 쓰자는 식이다. '문제야말로 기회'라며 기분 좋게 아이디어 회의로 돌입한다. 그것이 예의가 되었다. '그렇게 가볍게 대응해도 돼?' 싶은 정도면 딱 좋다.

> ✕ 무슨 짓을 한 거야! 회사를 말아먹을 생각이야?

> △ 아이고, 저런. 일단 침착하자고.

> ◎ 그럴 수도 있지. **당장 해결책을 찾아보자.**

    어떤 상황에서든 기분 좋은 태도를 유지하는 사람이 있으면 팀에 밝은 추진력이 형성된다. 일본 축구대표였던 오노 신지小野伸二 선수가 그랬다. 전성기에는 "오노 신지만 있으면 한두 골 지고 있어도 이길 수 있을 것 같은 느낌이 든다", "상대는 강호지만 우리 팀에서 가장 잘하는 오노 신지가 웃고 있으니 이기지 않겠는가."라고 말할 정도로 팀원들의 믿음이 대단했다. 실제로 당시 월드 유스(현재 FIFA U-20 월드컵)라는 세계대회에서 결승까지 올라갔다. 오노 신지 선수의 밝고 시원한 긍정의 기운이 팀 전체에 활기를 불어넣었던 것이다.

나는 평균이라는 생각의 함정

가볍지도 무겁지도 않은 '보통'이면 되지 않느냐고 말하는 사람도 있을 것이다. 하지만 '나는 보통으로 잘하고 있다'고 생각하는 사람일수록 주위 평판이 좋지 않다는 사실에 주의하자.

왜일까? 기분 좋게 말하고 행동하는 사람이 많아지면서 기준이 높아졌다. '보통'이라고 여기던 태도가 수준 이하로 떨어진 것이다. 연예 기획사 쟈니즈 사무소의 쟈니 키타가와ジャニー喜多川 사장이 도모토 츠요시堂本剛를 처음으로 엄하게 야단쳤던 이유도 그 때문이었다. 도모토가 어릴 때 "열심히 하겠습니다!"라

고 인사를 했다. 일반적으로 보면 평범한 인사다. 하지만 쟈니 사장은 이렇게 꾸짖었다고 한다.

"열심히 하는 건 당연해. 그런 당연한 소리를 해서는 안 되지!"

훗날 도모토는 인터뷰를 통해 쟈니 사장의 말이 굉장히 인상에 남았다고 전했다. 아이돌이니까 열심히 하겠다는 정도의 말로는 안 된다는 것은 요구 수준이 살짝 높다. 하지만 우리도 사회생활을 할 때 나름 프로다. 열심히 하는 건 당연하고 그보다 위를 지향하려는 노력이 필요하다. 이렇게 생각하자.

> ✕ 어깨 힘을 빼고 **지극히 보통으로** 해나간다.

> ◎ 어깨에 힘이 들어가지 않도록 주의하면서 **수준을 높이려고 한다.**

보통이 나쁘다는 이야기가 아니다. '보통'만으로 일정 수준에 도달했다고 여기는 태도가 문제인 것이다. '보통으로 잘하고 있다'고 생각하는 사람은 '보통이면 된다'고 여긴 시점에서 이미 수준 이하로 떨어졌다고 여기는 편이 좋을지도 모른다.

누구도 완벽한 답을
기대하지 않는다

어떤 질문에든 구체적으로 답하는 것이 중요하다. "아니, 잘 몰라요."라는 식의 불친절한 대답은 하지 말자.

예를 들어 "요즘 추천할 만한 식당이 있어요?"라는 질문에 "딱히 떠오르지 않네요." 하고 쌀쌀맞게 대답한다면 좋은 인상을 남길 리 없다. 무엇이든 좋으니 구체적으로 대답하자.

주머니 사정이 여유롭지 않은 상대방의 물음에 고급 식당밖에 떠오르지 않는다면 "조금 비싸기는 하지만 A가게가 생각나네요." 하고 대답하는 것이다. 혹은 미식가인 상대방에게 대중

음식점밖에 모를 때라도 "대중적인 맛이라서 별로라는 분도 계시겠지만 저는 B가게를 추천하고 싶어요." 하고 대답하면 참고가 될 수 있다. 이렇듯 구체적으로 대답하는 것이 좋다.

누군가 당신에게 조언을 구했을 때는 더 단적으로 드러난다. 예를 들어 당신이 미국에서 유학한 적이 있는데, 한 학생이 어디로 유학을 갈지 조언을 구했다. '이제 시대도 달라졌고 요즘 유학 정보는 잘 모르겠다'는 것이 솔직한 심정일지라도 그런 대답으로 대화를 끝낸다면 불친절하다는 인상을 주고 만다. 상대방은 "그냥 제가 인터넷으로 찾아볼게요." 하고 대답하며 당신에 대한 신뢰도 반감될 것이다.

이럴 때는 "예를 들면 말이지요." 하고 천천히 말을 이어보자. 그러면 조금씩 기억이 되살아날 것이다.

"C대학 입시는 이렇고 그에 비해 D대학, E대학의 입시는 이런 것 같네요. 지역성도 있지요. 서부와 동부를 비교하면 서부는 이런 경향이 있다는 느낌을 받았거든요. 당시의 일이지만 말이에요."

상대방도 완벽한 대답을 기대하지는 않는다. 일단 최선을 다해서 답하는 태도가 인간관계를 원만하게 만든다.

✕   죄송하지만 기억이 나지 않네요.

◎   자세히 기억은 나지 않지만 **이런 적이 있었어요.**

관계의 시작은
말을 고르는 일부터다

사회학자인 노베르트 엘리아스Norbert Elias는 자신의 저서 《매너의 역사》에서 '문명화란 어떤 것인가. 매너가 좋아지는 역사다'라는 의미의 말을 했다. 시대를 거치면서 사람은 품격이 높아지고 점차 세련되어진다. 세련됨이란 부드럽게 말할 수 있는 것이라고 해도 되지 않을까? 가령 귀족들의 교류에서 갑자기 거칠게 말하면 '품격이 떨어진다', '무례하다'며 모두가 멀리하게 되는 것처럼 말이다.

예를 들어 1990년대 이전까지는 상사가 직원에게 아무렇지 않게 '너'라고 부르며 반말을 했다. 그렇지만 이제 그런 식의 호칭과 말투는 부당하다는 분위기가 형성되어 있다. 이전에는 당연하다고 여기며 사용했던 말을 무례하고 난폭하다고 느끼는 것이다. 이렇듯 시대가 요구하는 세련된 말을 의식적으로 골라서 하지 않으면 인간관계가 삐걱거린다. 말을 고르는 일은 좋은 관계를 형성하는 비결과도 같다.

✕ 네 기획서 **말인데.**

◎ ○○**씨**, 기획서에 대해서 **말인데요.**

  이러한 변화에 대해서는 각자의 생각이 다를 것이다. 하지만 시대의 흐름은 바꿀 수 없다. 정중한 화법을 요구하는 시대에는 그렇게 대응해야만 한다.
  시대의 분위기는 해마다 달라진다고 할 만큼 격변하고 있다. 그 분위기를 받아들이고 말하는 방식을 조금씩 조정해가는 것. 가벼움과 겸손함을 익히는 것. 그것이 바로 인간관계를 원활하게 만드는 비법이다.

그 점에서 만담가 슌푸테이 쇼타春風亭昇太를 참고할 만하다. 그는 일본 만담예술가협회 회장을 맡은 중진으로 인기 프로그램인 〈쇼텐〉笑点의 제6대 사회자이기도 하다. 최고의 만담가라고 할 수 있는 그는 실제로 만나면 지극히 경쾌하고 솔직하다. 잘난 척하는 모습이라고는 찾아볼 수가 없다. 1959년생이라고는 믿을 수 없을 만큼 말과 행동이 젊다. 그의 나이를 모르는 사람에게 '쇼타는 젊은데 건방지다'라는 오해를 받은 적도 있다고 했다.

겸허한 데다 다른 사람에게 압박을 주지 않기 때문에 함께 있으면 기분이 좋아진다. 그런 태도가 〈쇼텐〉을 부드럽고 따뜻한 프로그램으로 만든 것이 아닐까 싶다.

때로는 알면서도 모르는 척해야 한다

어른의 세계에는 진실만을 말할 수 없는 암묵적인 규칙이 존재한다. 과거에는 '해도 될 말과 안 될 말이 있지만 진실이라면 말해도 된다', '진실이니까 말해야만 한다'는 생각이 주류를 이루었다. 하지만 시대는 반대 방향으로 흐르고 있다. 아이가 버릇없는 말을 하고 주의를 들으면 "사실인데요, 뭘." 하고 입을 삐죽거려도 "아직 어려서 그렇지." 하고 웃어넘길 수 있다. 그런데 지금은 어른이 사실을 말해도 아무런 가치가 없다. "어린애도 아니고 참." 하며 무시당할 뿐이다. 가령 모두가 잘 차려입은 자리에 경제적인 이유로 소박한 차림을 한 아이에게 "네 옷은 왜 그래? 너희 부모님은 가난하구나?" 하고 물어보는 것은 가장 천박한 따돌림이다.

누구나 '나는 절대 그런 짓은 안 한다'고 생각한다. 하지만 사회나 조직에서 말도 안 되는 천박한 말들이 오가는 것이 현실이다. 예를 들어 인간관계가 틀어지든 말든 "자, 진실을 말해줄까? 자네는 이 회사에서 필요 없는 사람이야."라고 말하는 상사는 주위의 빈축을 살 뿐이다.

마이너스 요인은 언급하지 않는 것. 진실의 대부분은 그저 감정론에 지나지 않는다는 사실을 아는 것. 그것이 어른의 태도다.

'진실을 말하지 않으면 상대는 자신의 결점을 고치지 못할 수도 있다'고 생각하는 사람도 있을 것이다. 하지만 초등학교, 중학교 선생님이라면 몰라도 회사나 조직에서 상대방을 교정하겠다고 결점을 대놓고 지적하는 행동은 무척이나 위험하다. 결점을 지적당한 상대방이 회사를 그만두거나 오랫동안 원한을 품을 수도 있다. 특히 내가 한 말이 열등감으로 이어지거나 상대방에게 상처를 줄 수도 있는 부분은 굳이 말하지 않고 그냥 흘려보내는 것이 중요하다.

대화에서 반드시 진실을 말할 필요는 없다. 그런 위험한 짓을 하지 않아도 품격 있는 대화는 충분히 가능하다. 농담의 기술을 연마해 진실의 쓴맛을 농담의 단맛으로 끌어올리는 화법도 있다. 하지만 이 방법은 농담에 굉장히 능하고 자신이 있는 사람만 쓸 수 있다.

위압적인 화법은
피하는 것이 좋다

연장자나 대기업의 OB 등은 상대방을 압박하는 듯한 화법이 체화되어 있을 수도 있으니 주의하자.

옛날에는 지위나 연령이 높을수록 강하게 말하는 것이 일반적이었다. 이런 화법이 생산성의 향상으로 이어지기도 했으니 말이다. 하지만 회사 밖에서는 의식적으로 이런 말버릇을 쓰지 않는 편이 좋다. 예를 들어 퇴직 후에도 주위 사람들에게 지시하듯이 또는 강압적으로 말하면 사람들은 '자기가 뭐라도 되는 양 왜 저래?' 하고 거부감을 느낀다. 대개는 한두 달 지나면 '여기는 회사가 아니지. 내가 너무 무례하게 말하고 있었군' 하고 깨닫는다.

위화감을 조성하거나 상대방을 압박하는 듯한 화법은 동물이 자신의 우위성을 과시하는 '마운팅' 행위와 다르지 않다. 마치 원숭이 무리에서 순위를 정하려는 듯한 말투는 앞으로 점점 더 설 자리를 잃을 것이다. 강압적으로 말해 생산성을 높이려는 방식도 더 이상 통하지 않는다. 갑질이라며 반발을 살 뿐이다.

언제나 부드러운 화법으로 의사를 전달하는 것이 중요하다. 부드러운 분위기를 만들기 위해서는 앞서 말한 '가벼움'이 필요하다. 몸짓으로도 부드러운 분위기를 전달하자. 밝은 표정을 유지하고 말 역시 살짝 손바닥 위에 올려 "여기 있어요!" 하고 건네는 느낌으로 말이다. 실수라도 상대방에게 말을 내던지는 식으로 이야기해서는 안 된다.

호흡을 차분하게 가다듬고 너무 강한 어조로 말하지 않을 것. 당연히 거친 말투도 쓰면 안 된다. 어려운 일을 지시할 때도 "어려운 일이니까 ○○씨에게 맡기는 거야!"가 아니라 "쉽지 않은 일인 거 알고 있어요. 그렇지만 ○○씨가 도전해보면 좋을 것 같은데 어때요?" 정도로 상의하듯 말하자.

△　중요한 일이니까 ○○씨가 도전해봐. **부탁해!**

◎　중요한 일이니까 ○○씨가 도전해볼 만할 것 같아요. **어때요?**

사과는 일어난 상황에 대해서만 한다

어떤 문제가 발생했을 때 진정한 어른은 누군가의 탓으로 돌리거나 가급적 책임을 묻지 않는다. 쓸데없는 변명도 하지 않는다. 사실관계를 명확하게 밝히면서 문제를 해결하고 갈등을 해소하고자 노력한다. 화법의 이러한 미묘한 차이를 나는 20년 전에 경험했다.

한 중학교에 교육 실습을 간 제자 A가 갑자기 입원하는 일이 있었다. 나는 제자가 실습 중이던 중학교에 가서 교장선생님께 죄송하다고 사과했다.

"A는 체력이 너무 약하군요."

교장선생님은 이렇게 말하며 화를 냈다.

"맞는 말씀입니다. 어쩌면 제자에게 수업시수가 조금 벅찼는지도 모르겠습니다."

나는 고개를 숙이면서도 제자를 변호했다. 그것이 상대의 화에 기름을 부은 격이었는지 교장선생님은 "우리 학교 탓이라는 겁니까!" 하고 크게 화를 냈다. 나는 직접 찾아가 사과를 하는 중에도 화내는 상대의 태도에 당황스럽고 놀랐다.

그 이후로 나는 사과하는 법을 다시 배웠다. 상대방에게 괜한 말은 절대 하지 않고 "불찰을 사과드립니다." 하고 그저 머리를 숙이라고 말이다. 그렇게 하면 "저희 쪽 수업시수가 벅찼는지도 모르겠네요." 하고 상대가 먼저 이야기하기도 한다. 이런 대화로 발전하면 "경위를 확인하고 싶습니다만." 하고 사실관계를 들어볼 수 있다. 대개는 한쪽만 잘못한 것이 아니라 상대방도 '우리도 잘못이 있구나' 하고 느낀다.

일단 무조건 사과하는 것, 그 속에서 사실관계를 분명히 밝히는 것. 이 두 가지가 중요하다.

상대방의 말만 들으면 마치 내가 백 퍼센트 잘못한 것처럼 느껴진다. 그러니 '책임은 모두 이쪽에 있다'는 식의 사과는 하지 않는 편이 좋다. '이런 상황이 벌어져 죄송하다', '소란스럽게 해서 죄송하다'는 식의 정확히 일어난 상황에 대한 사과만 하자.

> ⚠ **잘못은 모두 저희에게** 있습니다.

> ◎ **이런 일이 벌어져** 정말 죄송합니다.

변명과 거짓말의
유혹을 이기는 팩트의 힘

문제가 생겼을 때 가장 큰 지뢰는 '변명'과 '거짓말'에 있다. 문제를 일으킨 연예인이나 정치가 같은 유명인의 기자회견을 보면 알 수 있다.

"소란스럽게 해서 죄송합니다."라는 정해진 말의 이면에는 '소란을 피우긴 했지만 사실 그렇게 큰 잘못은 하지 않았다'는 속내가 숨겨져 있다. 그래서 "그때는 큰 잘못이라고 생각하지 못했습니다."라고 말해버린다. 결국 언론으로부터 거짓말이라며 추궁을 당한다. 혹은 금세 들통이 날 거짓말을 하기도 한다.

사실과 다르다는 것을 시청자가 알아차리고 인터넷에서도 난리가 난다.

우리는 직접적으로 상관도 없는 기자회견을 지켜보기도 한다. 가장 큰 이유는 호기심 때문인데 '비슷한 일이 나에게 또는 회사에서 발생하면 어떻게 대처하면 좋을까?'라는 배움의 태도를 적용해볼 수도 있다. '쓸데없는 변명은 하면 안 된다', '작은 일이라도 절대 거짓말을 하면 안 된다'는 사실을 가슴에 새기는 것이다.

문제에 대한 설명이나 사과를 요구받았을 때는 사실관계를 시간순으로 상세히 정리해 인쇄한 후 지참하자. 제3자가 경위를 알 수 있도록 말이다. 어떤 일에 거짓말을 하게 되는 이유는 사실관계에 대한 기억이나 기록이 애매하기 때문이다. 상세히 기록해두면 은폐하고 싶은 유혹을 끊어낼 수 있다.

또한 사건이 일어난 순서대로 기록하면 주관적 시선이나 감정이 사실과 섞이는 것을 막을 수 있다. 변명이란 사실보다도 '내 느낌'을 우선하기 마련이다. 사실을 기술한 메모가 있으면 변명을 늘어놓고 싶은 마음을 최소한으로 누를 수 있다.

SNS의 악의 없는 속임수에 주의한다

사실의 은폐는 아주 오래전부터 존재했다. 《논어》 제19편 〈자장〉에도 '소인은 잘못을 저지르면 반드시 꾸며댄다'라는 말이 있다. 인간이 되지 않으면 잘못을 저질렀을 때 반드시 변명하거나 거짓말을 하여 꾸민다는 뜻이다.

하지만 이제 옛날부터 이어져 온 거짓말로 위기를 모면하고, 진실이 은폐 가능한 상황은 스마트폰과 인터넷이 폭발적으로 보급되면서 끝났다. 지금은 남녀노소를 불문하고 거의 모든 이들이 스마트폰이라는 과거의 스파이 비밀병기에 버금가는 고

성능 카메라와 녹음기를 가지고 있다. 게다가 인터넷을 통해 영상과 음성을 순식간에 퍼뜨릴 수도 있다. 곳곳에서 진실이 터져 나오는 것이다.

여기에는 정보의 투명화라는 긍정적인 면도 있지만 경계해야 할 상황도 생겼다. 우선 속임수다. 영상이나 음성은 가공과 편집이 가능하다. 만들어진 거짓 정보가 확산되면 돌이킬 수가 없다. 또 하나는 정보의 오류다. 인터넷에 올라온 시점부터 정보가 정확하지 않은 경우가 꽤 많다.

가령 A가 B라는 발언을 한다. 그것을 들은 사람이 SNS에 'A가 C라고 말했다'며 잘못된 정보를 올리기도 한다. SNS에서는 정확한 전달이 이루어지지 않는다고 보면 된다. 'A의 발언이 C라고 들렸다'는 것이 정확한 전달일 것이다. 하지만 그런 식으로 글을 올리는 사람은 없다. 이렇게 잘못된 내용이 A의 발언이라는 식으로 확산된다.

정보 오인은 그 자체로 하나의 폭력이다. 지금은 폭력적인 언어가 적어진 반면 새로운 형태의 언어폭력이 생긴 시대이기도 하다. 시대의 변화 속에는 이런 측면도 있다는 사실을 기억해두고 조심하도록 하자.

제2장

좋은 관계는 거절의 순간에도 만들어진다

갈등은 피하고 적을 만들지 않는 어른의 말하기

상처 주지 않고
거절하는 법

인간관계를 끊을 목적으로 '노'라고 말하는 경우는 거의 없다. 대부분 관계는 유지하면서 '이 일은 피하려는' 마음을 전달하려고 한다. 그러니 "안 돼.", "못해." 등의 직접적인 표현은 가급적 사용하지 않는 것이 좋다.

좀 더 유연하게 거절하기 위해서는 선의의 거짓말을 잘 활용하는 것이 핵심이다. 가령 일정 탓으로 돌리는 방법이 있다. "일정을 확인해보고 답변드리겠습니다." 하고 즉답을 피하는 것이다. 답은 이미 거절로 정해졌더라도 말이다. 다만 상대방의 기분을 배려해 살짝 시간을 둔다. 상대의 눈앞에서 일정표를 보고 "죄송합니다. 안타깝게도 다른 일정이 있어 힘들 듯합니다."라고 거절하는 것도 방법이다. 사실 다른 일정 따위는 없다. 하지만 "일정은 괜찮지만 이번에는 마음이 내키지 않으니 거절하겠습니다."라고 곧이곧대로 말하면 다음에는 의뢰조차 하지 않을 테니 작은 거짓말로 마찰을 피하는 것이다.

그렇다고 "A건으로 B와 함께 C시에 동행할 다른 일정이 있어서요." 하며 상황을 너무 구체적으로 말해서도 안 된다. 그것은 명백한 날조이기 때문이다. 상대방이 적당히 나의 의도를 눈치챌 정도로 이야기를 얼버무리는 것이 낫다.

거절의 이유를 댈 때는 '이런저런 사정이 있어서'라며 상세히 말하지 말고 패턴화된 표현을 쓰자. '제반 사정이 여의치 않는다'거나 '여러 가지 일이 있어서'라는 정도면 충분하다. 문어체로 표현하면 '일신상의 이유로'라는 말과 같다. 이는 '더 이상은 묻지 말라'는 메시지다. 상대방도 '그럼 어쩔 수 없지' 하고 납득한다. 이런 저런 사정을 상세히 말해버리면 상대방이 "그런 이유라면 날짜를 바꿔볼까요?"라고 할 수도 있고 그렇다면 거절하기가 어려워진다.

거절을 당했을 때도 "그렇군요.", "알겠습니다." 하고 가볍게 넘기는 것이 매너다. 그래야 "다음번에는 부디 잘 부탁드립니다."라는 말을 주고받는 관계로 이어질 수 있다. '제반 사정이 여의치 않아서'를 이유로 거절하는 이에게 "그 사정이란 게 뭔가요?" 하고 꼬치꼬치 캐물으면 상식이 없는 사람 취급을 당할 수도 있다.

사생활에서도 다르지 않다. 예를 들어 "이혼했습니다."라는 말을 들으면 "그렇군요. 힘드셨겠습니다." 하고 응하는 것이 매너다. 아주 친한 사이가 아닌 이상 "성격 차이인가요? 가치관이 안 맞아서요? 설마 돈 문제로 헤어진 거예요?"라고 묻는 것은 몰상식한 태도다. 설령 그러한 요인을 눈치챘더라도 드러내지 않고 "힘드셨겠습니다." 정도로 끝내야 한다.

> ✕ 제반 사정이요? 어떤 사정인가요? **제가 도와드릴게요.**

> ◎ 제반 사정이요? 그럼 **어쩔 수 없겠군요.**

대안을 제시하는 것도 하나의 방법이다

"다음 달에는 어떠세요?"

"절반 정도라면 해볼 수 있을 것 같습니다."

이처럼 단칼에 거절하지 않고 대안을 내는 것도 좋은 방법이다. 아예 받을 수 없는 제안이라면 거절할 수밖에 없다. 하지만 그런 경우는 의외로 많지 않다. 특히 비즈니스를 할 때는 어딘가에 타협점이 반드시 존재하는 법이다. 아니, 타협점을 찾는 것이 비즈니스라고 보면 되겠다.

'이것도 안 돼, 저것도 못해'라는 식으로 거절만 하고 대안을 내놓지 않는 유형은 함께 일하기 가장 꺼리는 스타일이다. 설령 거절이 예상되더라도 대안을 제안해보자. 그러면 상대방도 '열심히 생각해주는구나', '우리를 존중해주는구나'라고 느껴 분위기가 좋아진다. 이를 계기로 더 나은 방법을 찾는 경우도 있고 결과적으로는 거절하더라도 좋은 관계를 유지할 수 있다.

> △ 그렇게는 힘듭니다.

> ○ **절반 정도라면** 가능할 것 같습니다.

예를 들어 팀원의 제안이 조금 아쉬운 경우에도 "이건 못 쓰겠어!" 하고 쌀쌀맞게 거절하지 않는다. 일단 장점을 찾아 인정해주고 단점에 대해서는 대안을 제시한다.

"콘셉트는 굉장히 좋아요. 그런데 A 부분은 B, C 안으로도 생각해볼 수 있을 것 같아요. B, C 중에서 괜찮은 걸로 바꿔보면 어떨까요?"

이렇게 하면 거절하려는 부분을 직접적으로 말하지 않고 피할 수 있다. 게다가 살릴 수 있는 부분은 그대로 활용할 수도 있다.

일본 프로야구 주니치 드래건스의 응원가 중 〈사우스포〉('왼손잡이 선수'라는 뜻-옮긴이)가 문제가 된 적이 있다. '네가 치지 않으면 다른 누가 치냐'라는 구절의 '너'라는 표현 때문이었다. 요다 츠요시 감독이 "많은 아이들이 경기를 보며 응원하는데 선수를 '너'라고 부르는 것이 맞는가?"라고 지적한 것이 계기가 되었다. 그의 지적대로 시대적으로 맞지 않는 표현인 듯하다. 이에 대해 "그렇다고 '당신이 쳐줬으면 해요'라고 할 건가?", "동료를 '너'라고 하는 것이 그렇게 큰 문제인가?"라는 의견도 있었다. 작으나마 논란이 되면서 나도 해당 건에 대한 인터뷰를 했다. 재미있는 것은 그런 와중에 다양한 대안이 나왔다는 사실이다.

"영어의 You는 상하관계가 없다. 'You가 치지 않으면 누가 치냐'로 바꾸면 어떨까?"

"나고야 지역이니까 지역 방언으로 바꾸자."

"'그대' 같은 표현도 재미있겠다. 그대가 치지 않으면 누가 치리, 특이하지 않은가?"

어떤 의견이 옳다거나 어느 대안이 좋다는 말이 아니다. 언제나 이렇게 대안을 내는 것이 중요하다.

상대로 하여금 거절하게 한다

 조건부로 거절하는 방법도 있다. 일단은 거절하지만 '조건에 따라서는 받아들일 수도 있다'는 선택지를 제시하고 결정을 상대에게 맡기는 것이다. 조건에 응할 수 없을 때는 "죄송합니다만 희망하시는 바에 맞추기 어렵습니다." 하고 상대방이 거절하게 되니 내가 거절한 느낌이 들지 않는다. 이런 조건이라면 가능하다는 선택지도 주고 발전성이 있는 대답이다.

 이런 방식은 아무리 거절해도 들을 생각도 않고 '무조건 해!' 하고 밀어붙이는 상대에게도 쓸 수 있다. "한 달 후는 어렵지만 두 달 후라면 가능할지도 모릅니다."하고 조건을 다는 것이다. 상대방이 "음, 그럼 두 달 후로 하지요."라고 선택한 시점에 '한 달 후'라는 요구는 거절한 셈이 된다. 또한 선택한 상대에게도 책임이 생기므로 그 후의 협상도 수월해진다. 일을 진행하다 "앞으로 일주일 내에 마무리해야 합니다."라고 해도 "솔직히 그건 어렵습니다. 다만 앞으로 2주 이내에는 어떻게 해보겠습니다."라는 식으로 이야기를 진전시킬 수 있다.

조건이나 선택지를 제시하는 방법은 이야기가 잘 통하지 않는 상대와도 관계를 구축할 수 있다. 가령 식당에 두 사람이 들어갔는데 4인석이 여러 곳 비어 있다. '4인석에 여유롭게 앉을 수 있겠다'며 좋아했는데 점원이 2인석으로 안내해주는 것이 아닌가. 나도 모르게 점원을 바라보니 "4인석은 모두 예약석입니다." 하고 쌀쌀맞게 대답한다면 '이 가게 별로군. 다른 곳으로 갈까?' 싶은 생각이 저절로 들 것이다.

하지만 안내하는 점원이 이렇게 대안을 제시한다면 어떨까? "4인석은 예약석이어서 2인석으로 안내합니다. 다만 8시까지 이용하는 것도 괜찮으시다면 4인석으로 안내하겠습니다."

그러면 "아직 6시가 안 되었으니 4인석으로 부탁합니다."라고 말하며 이야기는 훈훈하게 마무리된다.

처음부터 단칼에
거절하지 않는다

 적절한 거절법이 하나 더 있다. '결론을 뒤로 미루는 방식'이다. "잠시 시간을 두고….", "기회를 봐서…."라고 대답한다. 상대방은 '아마 거절당하겠지만 받아줄 가능성이 전혀 없는 것은 아니다'라는 뉘앙스를 읽어낼 것이다. 그런대로 나쁘지 않은 거절이다.

 결론을 뒤로 미루는 방식은 아이디어를 거절하는 경우에 특히 유용하다. 아이디어는 처음부터 노골적으로 거절당하면 다음부터 잘 나오지 않기 때문이다.

> △ **시간이 전혀 안 납니다.**

> ◎ **잠시 시간을 두고** 의뢰해주시면 안 될까요?

　방식은 간단하다. 가령 팀원이 제출한 기획서가 완전히 엉망이어도 그 자리에서는 일단 받아둔다. 그 자리에서 거절하려면 이유를 설명해야 하는데 팀원이 납득하고 '개선하고 노력해야겠어'라고 생각한다면 좋겠지만 반드시 그러라는 법은 없다. 이런 이유로 결론을 뒤로 미뤄 팀원에게 자신의 기획서가 채택되지 않았다는 사실을 서서히 알아차리게 한다. 때를 봐서 "그때 그 기획서는 이런 점이 아쉬웠어."라고 말하면 크게 상처 주지 않고 거절 의사를 전달할 수 있다.
　좋은 아이디어를 얻으려면 처음부터 거절하면 안 된다. 이는 브레인스토밍의 룰이기도 하다. 자신의 아이디어를 말하는 것은 꽤나 용기가 필요한 행위다. 부정적인 반응이 나오면 용기가 나질 않는다. 용기를 내어 말했는데 아무 말이 없는 것도 일종의 부정이므로 의지가 꺾인다. '이런 반응이라면 더는 말하지 않겠어' 하고 발상이 시드는 경우가 많다. 그러니 브레인스토밍을 할 때는 어떤 아이디어가 나와도 무조건 긍정적으로 반응한다. "좋네요.", "재미있군요."라는 말이 힘이 되어 아이디어가 또 다른 아이디어를 부른다. 탁월한 아이디어는 그런 환경에서 나오는 법이다.

어떤 제안에도 부정적인 반응을 보이지 않으면 다양하고 기발한 아이디어가 나온다. 결국 자신의 아이디어가 채택되지 못하더라도 일단은 아이디어에 긍정적인 반응을 얻었으니 거절을 당해도 누구나 크게 상처 받지 않고 납득한다.

밝은 목소리로 거절한다

거절할 때 표정이나 목소리는 밝고 경쾌하게 하도록 하자. 상대방의 반응이 신경 쓰여 어둡고 우울하게 말하면 오히려 상대방이 '말 못할 사정이라도 있나?' 하고 수상하게 여길지도 모르기 때문이다. '모처럼의 의뢰에 응하지 못해 죄송하다', '참가하고 싶었지만 사정이 있어 아쉽다' 등 마음을 드러내는 것은 나쁘지 않다. 다만 '그렇지만 이번 건은 거절한다'고 명확히 정리하는 것이 중요하다.

거절하겠다는 의사를 자각하면 기분도 개운해진다. 그런 느낌으로 담백하게 말하는 것이 좋다. 그러는 편이 말하기도 수월하고 상대방 역시 "알겠습니다." 하고 순순히 받아들인다.

거절하는 이유도 단적으로 전달한다. "죄송합니다만 이번 건은 없던 일로 해주셨으면 합니다."라고 분명하게 상대에게 말하면 깔끔하게 대화가 끝난다. 다만 에둘러 말할 생각으로 여러 가지 이유를 나열하는 것은 좋지 않다.

"이런저런 사정이 있어서요. 바쁜 시기이고 역량도 부족한데다 가격 문제도 있고." 하면서 주저리주저리 말하지 말자. 말하면 할수록 표정과 목소리는 어두워지고 상대방에게 변명을 늘어놓는 것처럼 들릴 것이다. 이유는 하나로 집약하는 편이 깔끔하게 의사를 전달할 수 있다.

✕ **A와 B가 있고 C도 있어서**… 죄송합니다.

◎ 꼭 해야 할 **A가 있어서** 이번 건은 진행하기 어렵습니다.

첫마디를
사과로 시작한다

거절할 때는 "죄송합니다."로 시작하는 것이 중요하다. '실수를 하거나 나쁜 짓을 저지른 것도 아니고 그저 의뢰를 받은 일을 거절하는 것인데 사과라니 이상해'라고 생각할지도 모른다. 하지만 부정적인 내용을 전달할 때는 우선 사과의 말부터 하는 것이 안전하다.

메일을 쓸 때도 첫머리에 '정말로 죄송합니다', '참으로 죄송합니다만' 등의 한마디를 넣어보자. 그러면 상대방도 '거절을 미안하게 생각하는구나' 하고 다음 내용을 읽게 된다. 반면 거절의 이유부터 나열하기 시작하면 '변명으로 시작하는 건가' 하고 불쾌하게 받아들이기 쉽다. 같은 내용을 말할 때도 처음에 사과를 해두면 이유로 받아들이지만 사과를 빼고 말하면 변명으로 받아들인다. 그러니 일단 사과부터 해두는 것이 이야기를 풀어가기 편하다.

> ✗ 전철 사고로 늦었습니다. 죄송합니다.

> ◎ **죄송합니다.** 전철 사고로 늦었습니다.

무언가를 사과하는 상황에서는 '미안하게 생각하느냐 아니냐'를 매우 중요하게 여긴다. 반대로 말하면 '정말로 미안하게 생각하는구나' 하고 느끼면 의외로 쉽게 용서한다. 큰 실수를 저지른 경우가 그렇다. 가령 피해자가 "이게 사과만으로 용서받을 일이야!" 하고 계속 화를 내더라도 주위에서 "상대방도 미안하다고 사과했으니 이쯤에서 받아주지. 누구나 실수를 하는 법이잖아."라며 거들어주기도 한다.

거절할 때는 우선 '기대에 부응하지 못해 죄송하다', '거절하면 곤란하겠지. 미안하군'이라는 마음을 표명하자. 여러 사정이 있다며 거절할 때도 "정말 안타깝습니다만 여러 사정이 있어서요." 하고 사과의 말을 덧붙이는 것이 좋다. '내가 미안하다'는 자세를 보이면 상대방의 마음이 상하지 않기 때문이다.

웃으며 이야기를 끝내는 고도의 기술

어떻게 전달하든 거절은 거절이니 상대방과의 관계가 흔들릴 수도 있다. 이를 방지하려면 가급적 이야기를 웃으면서 밝게 끝내는 것이 좋다. 예를 들어 "안타깝게도 참석하지 못하네. 하지만 주최자인 A에게 ○○라는 메시지만은 전달해주겠나?" 하고 말하는 것이다. 이때 '○○'의 내용이 재미있으면 상대방이 웃음을 터뜨리며 "하하하, 알겠어. 잊지 않고 꼭 전해주지."라며 이야기를 유쾌하게 마칠 수 있다. 거절의 부정적인 인상이 상쇄되는 것이다.

이런 식의 농담을 던지려면 늘 말이 거칠어지지 않도록 부드러운 분위기를 만드는 것이 중요하다. 단, 거절을 웃음으로 마무리하는 것은 꽤 고도의 기술이다. 농담하는 센스는 개인차가 크다. 웃음의 신에게 사랑받는 사람과 그렇지 않은 사람이 있기 때문이다. '웃음의 신은 나를 별로 사랑하지 않는다'라고 생각하는 사람은 억지로 웃음을 끌어내려고 하지 않는 편이 좋다. 관계의 흔들림은 어디까지나 성실함으로 이겨내는 것이 최선이다.

텔레비전을 보다가 웃음으로 대화를 끝내는 기술이 대단하다 싶었던 사람은 아리요시 히로이키有吉弘行였다. 영화배우이자 칼럼니스트이기도 한 마츠코 디럭스まっこでらっくす와 함께 진행하는 토크 버라이어티 〈마츠코 & 아리요시 카리소메 천국〉マツコ＆有吉かりそめ天国에서 특히 그의 마무리 기술은 빛을 발한다. 그는 싫은 소리를 하거나 지적을 한 후에 스스로 크게 웃는다. 그의 웃음은 분위기를 순식간에 풀어준다. 웃음으로 이야기를 마무리하는 좋은 예가 아닐까 싶다.

조심해야 할 것은 순간적으로 상대방의 화를 돋우는 마무리 방식이다. 그런 예는 언론에서 질문을 받은 연예인이나 정치가 등의 유명인에게서 찾아볼 수 있다.

"앞으로도 그 질문에 대답하는 일은 없을 겁니다."

"어째서 이야기해야 하는 거죠? 말해봐야 의미가 없잖아요."

이런 식으로 상대방의 말을 내치거나 거절하는 것. 즉 '당신이 알 바 아니야'라는 식으로 이야기를 끝내는 경우다. 이렇게 대처하면 기자나 상대방도 기분이 상한다. "자, 그럼 다른 건에 대해 묻도록 하죠."라며 공격적인 자세를 취하게 되니 이야기가 기분 좋게 끝나지 않는다.

관계의 흔들림을 성실함으로 극복하는 유형의 사람은 유명인의 화법을 참고하면 좋다. 예를 들면 이런 식이다.

> ◎ 신경 써주셔서 **감사합니다.** 아직 확정되지 않은 바가 많아서 지금 이야기하면 사실과 다르게 느껴질지도 모릅니다. **여러 방면에 영향을 줄 수도 있습니다.** 좀 더 상황이 분명해진 시점에 **다시 자리를 만들고자 합니다.** 여러분, 오늘은 정말로 감사합니다.

사실 이야기 자체에는 새로운 정보나 내용이 없더라도 상대의 기분을 상하게 하지 않으며 거절의 순간을 잘 넘길 수 있다.

거절의 경험치는
횟수와 태도의 곱셈이다

 이번에는 거절을 할 때가 아니라 거절을 당했을 때는 어떻게 대처하면 좋을까? 먼저 부정적인 감정에 사로잡히지 않는 것이 가장 중요하다.
 기대했는데 거절당하면 안타까운 마음이 드는 게 당연하다고 반문할지도 모르겠다. 하지만 상황을 가볍게 받아들이자. 부정적인 감정에 사로잡혀 상대를 탓하기보다 '이게 사회의 통념이구나. 사회의 상식을 배운 셈 치자' 하고 거절을 배움의 기회로 삼는 것이다.

> △ 거절을 당하다니. 이것이 **현실**이구나.

> ◎ 거절을 당하다니. 이것이 사회의 **통념**이구나.

    사회의 통념을 알면 상황을 객관적으로 바라볼 수 있다. '상대방이 거절하는 것도 이해가 된다. 한 번에 수락할 만한 안건은 아니지' 하고 넘어가게 된다. 상대방을 탓하지도 않고 자신을 책망하지도 않는 어른의 태도를 유지하는 것이다.
    부정적인 반응을 하지 않는 것은 상대방에 대한 배려이기도 하다. 거절한 상대방도 마음이 편해질 테고 그래야 관계는 지속될 수 있다. 수락과 거절의 벽이 낮아져서 '다음 번 일을 맡겨야겠다'고 생각할지도 모른다.
    거절을 밝게 받아들이는 사람은 거절에 대한 경험치가 높다고 할 수 있다. 거절이라는 부정적인 현실을 긍정적으로 받아들이고자 끊임없이 의식해온 결과일 것이다. 경험치는 횟수와 태도의 곱셈이다. 거절당하는 게 두렵고 부정적으로만 생각한다면 아무리 횟수가 늘어도 밝아지지 않는다. 하지만 거절에 대한 태도가 긍정적이면 횟수가 늘어날수록 멘탈은 더욱 강해진다. 강인함은 모든 일에 진취적이고 긍정적인 자세를 유지하도록 해준다. 그리고 그 결과는 언젠가 현실이 된다.

취업이 그렇다. 원하는 기업에 채용되지 않으면 처음에는 큰 충격을 받는다. 그럴 만도 하다. 어렵게 면접까지 봤는데 불합격 통보를 받았으니 말이다. '희망하시는 결과가 아니라 아쉽지만 앞으로 좋은 활약을 기원하겠습니다'라는 불합격 통보 말이다. 구직을 하다보면 불합격 통보를 수십 번씩 받기도 한다. 그럴 때마다 '또 떨어졌군' 하고 침울해 한다면 몸과 마음이 남아나지 않는다.

취업에 성공하는 사람은 합격하지 못해도 의식적으로 밝게 받아들인다. 그러면 불합격 통지에도 익숙해진다. 물론 이들도 처음에는 다른 이들처럼 심한 충격을 받았을 것이다. 하지만 두세 번 거절을 당하다 보면 사회의 통념을 이해하게 된다. '사회란 이런 곳이구나. 내 마음대로 풀리는 건 아니군. 다섯 번, 열 번 도전해서 한 번 잘되면 꽤 운이 좋은 편인 거야'라는 식으로 생각이 바뀐다. 그러니 가벼운 마음으로 다시 도전할 수 있다. '기운 내야지. 분명 꽃이 피는 때가 올 거야' 하고 넓은 시야로 앞을 바라본다. 이런 사람은 원하는 곳에 취직하기 마련이다.

끈질긴 상대에겐
솔직하게 이유를 밝힌다

 살아가면서 인간관계를 끊어낼 목적으로 거절하는 일은 많지 않지만 아예 없진 않다. 그런 경우의 거절 방식은 상대에 따라 다양하게 바꾸는 것이 좋다.

 상식적인 상대라면 '다음 기회에'라는 식으로 거절하면 된다. 더는 부탁하지 말라는 뜻이다. 또 의뢰해도 분명 거절당할 것이라는 사실을 담백하게 받아들인다.

 그렇게 끝날 것 같지 않은 상대라면 '다음 기회에'를 더 애매하게 표현한다. 예를 들면 다음과 같다.

◎ 저희 쪽에서 연락드리는 일은 삼가겠습니다. 다만 **상황이 좋아지면** 다시 연락주십시오.

◎ 다른 **기회가 있으면** 그때 연락주세요.

둔감한 사람이라도 이 정도로 이야기하면 '이건 가능성이 없겠구나. 이제 더는 연락하지 말라는 뜻이군' 하고 알아차릴 것이다. 그런 식으로도 차단되지 않는 상대라면 솔직하게 어떤 이유로 받아들일 수 없는지 말로 전하는 것이 좋다.

"솔직히 말씀드려서 이 조건으로는 진행하기 힘들 것 같습니다."

이렇게 말하면 적어도 동일한 조건으로는 두 번 다시 일을 맡기려고 하지 않을 것이다. 끈질긴 사람, 아주 둔감한 상대이므로 대놓고 이야기해도 실례가 되지 않는다. 오히려 왜 거절하는지 알려주어서 고마워할지도 모른다.

그런데 이건 어디까지나 비즈니스상의 이야기다. 연인 사이에, 또는 서로 호감을 갖기 시작한 관계에서는 좀 더 센스가 필요하다.

예를 들어 데이트를 신청했는데 상대방이 이번 주에는 바쁘다며 거절했을 때 "그럼, 다음 주나 그 다음 주는 어때요?" 하고 물어보는 것은 나쁘지 않다. 하지만 상대방이 "정말 많이 바빠서요.", "계속 일이 쌓여 있어요."라며 거절한다면 더 이상 진전될 가능성이 없다는 것을 인정하고 일단 물러서는 것이 좋다. 언제가 괜찮은지 계속 묻고 싶어도 꾹 참는 것이 현명하다.

어려운 것은 두 번, 세 번 거절당했을 때다. 보통은 '이건 거절이구나. 개선의 여지가 없어' 하고 받아들여야 한다. 그런데 인간관계에서는 세 번, 네 번 밀어붙이다 보면 다섯 번째 정도에서 긍정적인 답을 얻기도 한다. 밀어붙일 것인가 물러설 것인가, 실로 센스가 필요한 순간이다.

어느 쪽이든 '진짜 끈질긴 사람'이라고 오해하지 않도록 늘 예의 바르게 행동해야 한다. 더 어려운 것은 상대로부터 "친구라면 괜찮아요."라는 말을 들었을 때다. 거절이라고 여기고 단념할지, 친구로 시작해서 발전할 가능성이 있다고 판단해 의욕을 불태울지는 센스의 문제다. 상대의 진의를 잘못 읽으면 스토커 취급을 당할 수도 있다. 어떤 상황에서도 예의 바르게 행동하는 것이 중요하다.

심리적 거리를
존중하는 법

 센스를 발휘할 때 가장 중요한 것은 상대와 나의 심리적 거리다. 심리적 거리는 친밀함이나 허용범위를 뜻한다. 그것이 어디까지 밀어붙여도 괜찮을지에 대한 판단 기준이 된다.
 심리적 거리를 측정하려면 솔직하게 물어보는 것도 좋다. 물론 갑자기 자신에 대해 물어보지는 말자. 객관적인 의견으로 물어봐야 한다. 예를 들면 상대방의 호칭에 대한 선택이다. 너, 당신, 선생님, ○○씨, ○○야 등 각각 뉘앙스가 다르다. 잘못하면 관계를 진전시키기도 전에 거리가 멀어진다.

나는 학생들에게 "고등학교 때 그리 친하지 않은 선생님이 '인마'라고 불렀다면 살짝 거부감이 드나요?" 하고 물어본다. 절반 정도가 손을 들 경우 "전혀 거슬리지 않았던 사람은요?" 하고 물어보면 이쪽도 절반은 된다. 그러면 '아, 올해 학생들은 이런 느낌이구나' 싶은 판단이 선다. 그리고 "고등학교 때 특별활동 담당선생님이 '인마'라고 불렀을 때 거부감이 들었던 적이 있나요?" 하고 물어보기도 한다.

이 경우에 손을 드는 학생은 거의 없다. 같은 상황인데도 받아들이는 양상이 전혀 다르다는 것을 분명히 알 수 있다. 친하지 않은 선생님의 그런 말투는 싫지만 특별활동을 담당하는 선생님이 지도 중에 썼다면 괜찮다고 여긴다. 이처럼 객관적인 의견을 묻다 보면 자신과 상대의 거리감을 이해하게 된다. 이는 말을 고르는 센스로 이어진다.

✗ **내가** '인마'라고 부르면 살짝 거부감이 드는가?

◎ **학창시절 선생님이** '인마'라고 부르면 거부감이 들었는가?

제3장

사람을 움직이는 리더는 변화율을 읽는다

혼내지 않고 성장시키는 어른의 말하기

질책보다 객관적인 데이터를 활용한다

 1960년대에는 '질책'이 교육과 지도의 중심이었다. 하지만 1960년대 중반에 접어들자 '부드러운 교육과 지도'에 대한 요구가 생겨났다. 감정적으로 질책하지 마라, 비난이나 인격적인 공격은 하지 말라는 조건이 생긴 것이다.

 1980년대 말에 접어들자 '혼내지 않는 것'이 최선이라는 흐름으로 바뀌었다. 울컥해서 말이 거칠어질 만한 순간이라도 절대 혼내지 않을 것. 온화하게 '코칭'하는 것이다. 이때부터 사람들은 조언, 칭찬 등 말의 기술을 공부한다. 짓누르지 말고 키우자고 생각하게 된 것이다.

나는 교육학자이므로 혼내지 않고 성장시키는 방법을 늘 다각도로 고민한다. 그중 하나가 혼내지 않고 알려주는 방법이다. 테니스 코치였던 티모시 골웨이Timothy Gallwey의 저서 《이너게임》에서 힌트를 얻었다. 실제 승부(아우터게임 outer game)에서 이기려면 자신의 마음속 갈등(이너게임 inner game)에서 승리해야 한다는 것이 이 책의 주된 내용이다.

좀 더 자세히 살펴보면 우리 안에는 두 개의 자아가 존재한다. 실제 경기를 관장하는 자아 2와 그런 소중한 자아 2를 언제나 매도하는 자아 1이다. '바보같이 왜 실수한 거야!', '더 열심히 할 수 있잖아!' 하고 질책하는 자아 1을 침묵하게 하고 자아 2가 편안하게 경기에 임할 수 있도록 하는 것. 그것이 게임에서 승리하는 비결이었다.

단, '이렇게 쳤어야 했는데'라는 반성이나 '잘했어' 등의 칭찬으로는 자아 1의 방해를 막을 수 없다. 시시비비를 판단하는 점에서 자아 1과 공통된 기반에 서 있기 때문이다.

자아 1을 침묵하게 하려면 지금의 상태에 집중해야 한다. 나는 테니스 교실의 코치를 하던 때에 이를 실천했는데 매우 효과적이었다. 가령 학생이 아무리 서브를 연습해도 좀처럼 코트에 인이 되지 않고 아웃만 계속되는 경우. 절대로 "왜 자꾸 아웃이 되는 거야?" 하고 혼내지 않는다. 그저 서브가 아웃된 거리를 알려주기만 한다. "3미터 아웃이야.", "지금 건 0.5미터 아웃." 하고 말이다.

이렇게만 해도 학생의 움직임이 달라진다. 아웃의 거리가 점점 줄어들고 결국에는 서브가 보란 듯이 인이 되었다. 거리를 알면 자신의 움직임과 결과의 감각을 포착할 수 있기 때문이다. '이렇게 움직이면 3미터 아웃', '이렇게 움직이면 0.5미터 아웃'이라는 것을 알면 나머지는 스스로 수정할 수 있다.

업무를 하며 계속 실수를 하거나 행동을 교정하지 못하는 것은 지금의 움직임으로 어떤 결과가 나왔는지를 제대로 파악하지 못하기 때문이다. 그 상태에서는 아무리 혼을 내봐야 효과는 미미하다. 상사가 거울이 되어 결과를 객관적으로 비춰주는 것이 낫다. 팀원이 자신의 움직임을 객관적으로 비춰볼 수 있도록 지원하는 것이다.

주관을 섞지 않고 객관적인 데이터만 알려주는 것이 코치의 역할이다. 그래야 상대방도 자신의 상태에 더 집중할 수 있다. 무작정 감정적으로 혼을 내는 것이 아니라 객관적인 수치를 활용해 말을 해보자.

△ 지금처럼 움직이면 5초나 뒤처져서 안 돼.

◎ 지금처럼 움직이면 5초 늦어.

기분을 긍정적으로 바꿔주는 3초의 여유

혼내지 않고 성장시키는 방법에는 상대방의 마음이 늘 긍정적일 수 있도록 지원하는 것이 있다.

테니스에서는 오사카 나오미大坂なおみ 선수의 코치였던 사샤 바진 Sascha Bajin이 그런 코치였다. 그는 세레나 윌리엄스 Serena Williams 선수의 연습 상대이기도 했던 인물이다. 그가 코치를 맡기 전 나오미 선수는 감정의 기복이 조금 있었기에 멘탈 코칭이 특히 효과적이었다고 한다.

바진 코치는 부정적인 면을 긍정적으로 바꾸는 조언을 계속

했다. 먼저 지금 어떤 느낌인지를 확인하고는 "너의 의견이나 주관을 주장해도 돼.", "감정을 더 드러내도 괜찮아.", "자신을 탓할 필요 없어."라는 식으로 코칭했다고 한다. 바진 코치는 《마음을 강하게 만드는 '세계 최고 멘탈'의 50가지 규칙》心を強くする「世界一のメンタル」50のルール 이라는 책도 냈다.

나오미 선수는 2018년에 US오픈, 2019년에 호주오픈 테니스대회 등에서 우승하여 그랜드슬램을 달성하는 위업을 이뤘다. 이러한 결과에는 바진 코치의 영향이 꽤 컸다고 한다.

요즘은 이런 코칭 기술을 선호한다. 제1장에서 언급한 여린 세대들, 상처받기 쉬운 사람, 위로가 필요한 사람이 늘어나고 있고 이들과 원활히 업무를 하기 위해서는 밝은 직장 분위기가 요구된다. 코칭 기술에 대한 수요에는 그런 배경이 있는 것이리라.

나오미와 바진처럼 회사에서는 상사가 코치 역할을 해야 한다. 팀원이 밝고 기분 좋게 일하며 자신의 역량을 펼칠 수 있도록 직장에서도 멘탈 관리가 중요하다. 질책으로는 멘탈이 정돈되지 않는다. 게다가 요즘 같은 때에 무턱대고 혼을 내면 갑질로 받아들일 수도 있으니 특히 신경을 써야 한다. '혼을 내야지'가 아니라 처음부터 '코칭해야지' 하고 생각하는 것이 상사로서는 편하게 일할 수 있다.

코칭을 할 때는 가볍게 다가가는 것이 중요하다. 말투는 경쾌하되 내용은 명확하게 하자. '이제 이걸 해보자'라는 느낌으로 적절한 속도로 간결하게 전달하면 된다. 문제가 생겨도 시간을 끌지 않는다. "그렇다면 이렇게 해보자." 하고 길어야 3초 내에 긍정적인 방향으로 기분을 전환시킨다. 일일이 탓하고 있을 시간 따위는 없다.

불쾌한 표정으로 설교하듯 훈계를 늘어놓는다면 최악이다. 팀장과 팀원은 회사에 속해 있는 한 숙명과도 같다. '혼내야지', '책임을 물어야지', '괴롭혀야지'라는 심리가 조금이라도 있다면 다 날려버리자. 악질 상사의 심리는 그 자체로 매우 위험하다.

사람의 위에 서는 사람은 혼을 내면 안 된다. 마음 넓은 코치가 되는 것이 좋다.

✕	혼을 내야지.
◎	도와줘야지.

좋은 면을 포착하는 것이 칭찬의 고수다

팀원을 혼내지 않고 성장시키기 위해서는 칭찬이 중요한 포인트다. 그중 좋은 방법이 'This is it 칭찬법'이다. 마이클 잭슨의 다큐멘터리 영화 〈THIS IS IT〉의 제목으로 유명해진 말인데 '그래 그거야!'라는 뜻이다. 상대의 행동이나 말에 대해 "그래 그거야!" 하고 말해주는 것이다. 그러면 상대방도 '아, 이거구나!' 하고 순식간에 방향성을 알아차린다. 이 방법으로 매우 큰 효과를 볼 수 있다.

함께 이야기를 하거나 조언을 할 때 상대방이 제대로 이해했거나 좋은 면을 보였을 때 "바로 그거야!" 하고 말하는 것. 그거면 된다. 잘못했을 때 혼을 내는 것은 나쁜 면을 포착하는 좋지 않은 방법이다. 상대방의 부족한 부분보다는 좋은 면을 발견하고 알아차리자. 그러면 상대방은 자연스럽게 스스로 성장한다.

이 방법을 가장 잘 활용한 인물이 나쓰메 소세키夏目漱石다. 그는 상대방에게 방향성을 제시하고 키워주는 칭찬의 달인이었다. 아쿠타가와 류노스케芥川龍之는 무명일 때 발표한 작품《라쇼몽》의 평가가 좋지 않아 매우 낙담했다. 하지만 나쓰메 소세키가 자신의 작품《코》를 칭찬하자 용기를 얻었고 작가로서 글을 계속 쓸 수 있었다.

소세키는 류노스케에게 보낸 편지에서 이렇게 격려했다.

'당신이 쓴《코》는 매우 재미있었습니다. 차분하고 장난스럽지 않으면서 있는 그대로의 재미가 느껴지는 뛰어난 작품입니다. 소재도 굉장히 신선해서 눈에 띕니다. 감탄했습니다. 이런 글을 앞으로 이삼십 편만 내놓아보십시오. 문단에서 유례를 찾아볼 수 없는 작가가 될 겁니다.'

그는 '이것이 부족하다'고 말하지 않고 '이것과 똑같이 하라'며 이야기했다. 문호 나쓰메 소세키로부터 자신의 작품에 대해 이처럼 극찬을 받았는데 누군들 의욕이 샘솟지 않겠는가.

방향에 대한 확신만 주어도 동기부여가 된다

이어서 나쓰메 소세키는 이렇게 글을 이었다.

'그런데 《코》만으로는 아마 여러 사람의 눈에 들지 않겠지요. 눈에 들어도 다들 묵과할 겁니다. 그런 일에 마음 쓰지 말고 계속 앞으로 나아가세요. 다른 사람들의 시선은 마음에 두지 않는 것이 몸에 좋습니다.'

소세키는 이렇듯 스스로를 믿고 계속 앞으로 나아가라며 상대방에게 방향성의 확신을 심어주곤 했다. 마음을 사로잡고 의욕을 고취시키는 천부적인 스승이 아니었나 싶다. 소세키는 도

쿄 아사히신문사의 전속작가 시절에 아쿠타가와 류노스케보다 더 무명이었던 나카 간스케中勘助의 《은수저》를 연재해야 한다며 이런 추천 글도 써주었다.

'새로움과 품격을 갖춘 문장과 순수한 글솜씨의 뛰어남을 보아 〈아사히신문〉에서 소개할 가치가 있다고 믿어 의심치 않는다.'

말하자면 다음과 같은 느낌일 것이다.

△ 이것이 **부족하다**. 그러면 좀처럼 **발전하기 힘들다**.

◎ **이대로 좋다**. 그대로 밀고 나가면 **성장할 것이다**.

방향성을 제시하는 칭찬의 위력은 절대적이다. 동물조차 성장시킬 수 있다. 나의 반려견이 그랬다. 강아지를 데려왔을 때 한 번도 혼내지 않고 교육시킬 수 있을지 실험해보았다. 방법은 간단했다. 무언가를 잘했을 때 "그거야. 그렇게 하면 돼." 하고 그 자리에서 칭찬하고 간식을 주었다.

단지 그것만으로도 반려견은 여러 가지를 익힐 수 있었다. 대소변도 지정된 장소에서 해냈고 쓸데없이 짖지 않았다. '이렇게 하면 칭찬받는구나. 또 해야지'라는 선순환이 이루어지면 혼을 낼 필요가 없다는 사실을 알았다.

결국 나의 반려견은 십수 년 동안 모든 가족에게 한 번도 혼나는 일이 없었다. 질책이라는 말을 모르고 생애를 마쳤으니 분명 행복했을 것이다.

성장의 절댓값이 아니라
변화율을 살펴라

상대방의 변화율을 살펴보는 일도 중요하다. 이것은 감시하는 것이 아니라 지켜봐주는 것이다. 수정해야 할 부분을 잘 전달하고 "오늘은 잘 해냈구나.", "그래, 그렇게 하면 돼!", "이번 주에는 이것만 고쳐보자." 하고 긍정적인 메시지를 통해 상대의 변화를 알려준다. 이것이 바로 변화율을 보는 방법이다.

프로야구에서는 종종 '명선수가 반드시 명감독이 되는 것은 아니다'라는 말을 한다. 천재적인 선수가 감독이 되면 '왜 이 선수는 나처럼 하지 못하는 걸까?'라는 불만이 앞서 제대로 지도

하지 못한다. '어째서 연습한 결과가 안 나오는 거야?' 하고 성장하는 과정을 참고 기다리지 못한다. 자기도 모르게 "현역시절의 나처럼 연습해봐"라며 강압적인 지도를 하기 쉽다. 이런 식으로 강요해본들 선수들은 저마다 재능도 개성도 다르다. 자신의 지도를 따라가지 못하는 선수들과 균열이 커지면서 명감독이 아니라는 결론만 나버린다.

명선수가 명감독이 된 예도 있다. 일본 프로야구 역사에서 단 한 사람, 세 번의 삼관왕을 달성한 오치아이 히로미쓰落合博満 선수가 그 대표적인 예다. 그는 천재적인 타격 센스를 지니고 있으면서 감독으로서는 누구나 자신처럼 칠 수 있는 것은 아니라는 사실을 전제로 지도에 임했다. 선수의 현 상태는 어떤가?'를 그저 지켜보면서 이해하는 스타일이었다.

오치아이 감독은 합숙 훈련 중에 선수가 잘 보이는 자리에 앉아 움직이지 않고 계속 지켜보았다. 그는 '가만히 지켜보면 대개의 것들을 알 수 있다'고 말했다. 분명 선수들의 변화율을 확인하고 있었을 것이다. 바로 이 점 때문에 정확한 지도와 적재적소의 기용이 가능한 걸출한 감독이 된 것이다.

리더는 팀원을 제대로 '보는' 것이 중요하다. 동시에 단계별로 지켜보고 있다는 메시지를 주어야 한다. 일단 지시를 하고 결과를 기다리는 방식만을 고수하는 상사는 직원을 변화시키지 못한다. 변화율을 본다는 것은 상대의 작은 변화를 놓치지 않고 포착하는 일이다. 수학으로 치자면 미분에 해당된다. 미분은 절대적인 수치보다 변화율을 보는 것이다. 그래서 진척 상황이 딱히 눈에 띄지 않아도 지난주보다 이번 주가 좋으면, 전번보다 이번이 더 나으면 좋은 평가를 해준다.

"지난번보다 훨씬 좋아졌네.", "일주일 만에 상당히 발전했는걸." 하며 작은 변화에도 진취적인 격려를 해준다. 그러면 누구나 놀랄 만큼 의욕적인 모습을 보인다. 좋은 평가와 칭찬이 정신력으로 바뀌는 것이다. 이때 가급적 다른 사람이나 절대치와는 비교하지 않는 것이 중요하다. 그 사람의 변화율만을 바라보자.

✕ 목표에 도달하지 못했군.

◎ 일의 순서가 훨씬 좋아졌어.

분위기만 바꿔도
수치는 저절로 향상된다

코치는 의욕을 끌어올리고 구체적인 성과를 내야 한다. 팀장이라면 늘 '팀이 하나 되어 일한다'는 자세로 팀원들을 대하는 것이 중요하다. 사실 팀원들은 그리 쉽게 변하지 않는다. 하지만 같은 부서의 직원이라도 동기부여를 어떻게 하느냐에 따라서 일의 결과는 크게 달라진다. 극단적으로 말하면 실무능력이 부족하고 동기부여를 잘하는 팀장이라도 조직이나 회사에 기여할 수 있다.

 동기부여를 통해 상대방의 업무 능력을 높일 수 있는 인재를 모티베이터~motiveator~라고 하는데, 최근에 그 존재감이 커지고 있다. 일류 모티베이터는 '마음껏 해봐!' 하고 고무시키기만 해도 굉장한 결과를 끌어내기도 한다.

내게도 그런 모티베이터인 제자가 있다. 그는 고문이라는 형태로 동아리의 코치를 맡고 있는데 활동의 종류를 가리지 않는다. 전혀 경험이 없는 분야여도 "탁구부 좀 부탁드립니다.", "올해는 밴드부 좀 지도해주세요." 하고 요청이 들어오는 대로 일을 맡는다.

관련 경험이 없는 사람이 어떻게 모티베이터가 될 수 있는가? 가령 탁구부의 경우, 우선 "탁구에 대해서는 여러분이 저보다 더 잘 아시겠죠." 하고 솔직하게 말하며 신뢰를 얻는다. 나아가 탁구부의 환경정비에 힘을 쏟아 신뢰를 강화한다.

그런 다음에 "이 탁구대나 공 같은 여러 용품은 어째서 여기에 있나요?" 하고 묻는다. 부원들이 대답을 기다리면 선배들이 기부한 것임을 알아차리게 한다. 그리고 "A와 B를 비롯한 많은 분들이 탁구부를 응원하고 계십니다. 이런 이야기를 들은 적도 있어요." 하고 구체적인 에피소드를 섞어 말하며 부원들의 사기를 높인다. 마무리로 "오늘 시합은 선배들께 감사하는 마음으로 합시다!" 하며 등을 두드려주면 승산이 없던 시합에서도 승리하는 일이 적지 않다고 한다.

그처럼 동기부여를 해서 경기력을 높일 수 있다면 우수한 지도자라고 할 수 있다. 회사에서도 경험하지 못한 분야로 부서 이동이 되는 경우가 드물지 않다. 아무리 상사라도 당장 일의 세세한 부분까지 지시하기란 어렵다. 하지만 부서의 분위기를 바꿀 수는 있다.

"자세한 일은 여러분들이 더 잘 알 겁니다. 그런데 회사 전체로서는 이렇고 글로벌하게 보면 업계 전체의 포지션은 이렇습니다. 그러니 여기를 핵심적으로 공략해보면 어떨까요."라는 식으로 조언하는 것이다. 이렇게 리더가 전체를 관망하면 눈앞의 일을 해내는 데 급급하던 직원들은 상당히 고무된다. 조직의 분위기도 밝고 진취적으로 바뀐다. 이런 긍정적인 분위기를 만드는 것이 환경을 정비하는 일이다. 상사와 직원의 좋은 관계도 거기서부터 생겨나는 법이다.

"수치를 올려라.", "성과를 내라."며 질책하지 않고 긍정적인 분위기를 만드는 데 힘을 쏟자. 그것이 바로 상사의 능력이 발휘되는 포인트다.

결과가 아니라
방향성을 바라봐준다

회사에는 매달 달성해야 할 할당량이나 전년 대비 올해 목표 등의 수치가 존재한다. 수치 달성에 쫓기고 있는데 한 직원이 별것 아닌 일에 실수를 연발하면 예민해질 수밖에 없다. 하지만 그런 때일수록 직원을 혼내지 않고 잘한 부분을 인정해주자. "이대로 하면 돼."라는 말을 들으면 방향성이 보이기 때문이다. 직원들은 상사에게 인정받고 싶어 한다. 자신의 성과를 인정받으면 확실한 동기부여가 된다. 결국 이 두 가지가 상호 작용하여 긍정적인 결과로 이어진다.

물론 잘못된 점이나 결점을 지적해서 수정하게 하는 편이 일 처리도 빠르고 더 효율적이라고 생각할지도 모른다. 하지만 반드시 그렇지도 않다.

테니스를 예로 들어보자. 바구니에 든 공을 코치가 던지고 학생이 받아치는 연습을 한다. 열 번 정도 던져준 후에 다음 학생에게 순서가 돌아가는데, 이때 코치의 태도에 따라 학생들의 실력이 달라진다.

학생이 공을 열 번 정도 받아친 후 코치가 아무런 피드백도 해주지 않으면 실력은 향상되지 않는다. 훈련 중인 학생들은 코치가 던져주는 열 개의 공 중 일고여덟 번은 자세가 흐트러지거나 잘못 치는 경우가 많다. 그것을 지켜보다가 "라켓 헤드의 각도가 좋지 않아." 하고 문제점을 지적해봐야 학생의 실력은 그다지 개선되지 않는다.

두세 번은 공을 제대로 칠 때가 있는데 그때 "그래, 그렇게 하면 돼." 하고 인정하고 칭찬하면 실력이 향상된다. 장점을 인정하고 칭찬하면 다음 자신의 순서가 돌아왔을 때 칭찬받았을 때의 타법을 기억해두었다가 이를 기본으로 치기 때문에 실력이 빨리 향상된다. 여기서 핵심은 받아친 공이 네트에 걸려도 "지금처럼 치면 돼." 하고 격려하는 것이다. 결과가 아니라 방향성을 바라봐주는 것, 이것이 핵심이다.

  당신이 팀장이라면 제대로 된 안목으로 팀원을 인정해주자. 잘못한 것, 서투르고 실수한 것만 보지 말고 잘하는 점을 보려고 노력해보자. 그러면 팀원은 자연스레 성장한다.

> ✕   열 건 중 **여덟 건이나 사소한 실수를 했더군.**

> ◎   이 **두 건은 정말 잘 해냈어.**

완벽주의에서 벗어나라

직원의 부족한 점만 보는 상사는 너무 완벽을 추구하는 유형이라고 할 수 있다. 가령 98점이라도 만점이 아니라며 부족한 2점을 바라보는 것이다. 이렇게 한다면 당연히 동기부여가 안 될 수밖에 없다.

그렇다면 60점 언저리를 헤매는 직원에게는 어떻게 해야 할까? 그 경우에도 '이렇게 해봐라, 그걸 고쳐라' 하고 너무 많이 요구하지 않도록 하자. "딱 하나 아쉬운 점이 있어."라는 식으로 요구를 집약해 조언하는 것이 좋다. "그 점이 부족해." 하고 지적하기보다는 "그 점이 향상될 수 있는 포인트야." 하고 알려주면 된다.

완벽주의가 힘을 발휘하는 시대와 장소가 있었다. 예를 들면 옛날 영화판이다. 이상을 추구하며 스태프들에게 까다롭게 지적하던 감독이 있었다. 하지만 당시 영화계는 소위 어떤 주문에도 견딜 수 있는 장인들이 수두룩했다. 그런 사람들이 감독을 중심으로 '○○군단'이라는 집단을 만들어 결속했다. '위에서 하라면 죽는 시늉이라도 해야지'라는 분위기가 만연한 시대였다.

감독도 엄격함이 상쇄될 정도의 실력과 인성을 겸비하고 있었다. 영화계에는 옛 감독들의 배려, 인정 넘치는 일화, 인간미를 느낄 수 있는 미담이 많이 남아 있다. 게다가 좋은 작품이 탄생하고 때로는 세계적으로 호평을 받기도 한다. 완벽주의라도 감독 곁에서 사람이 떠나지 않고 동기부여도 되었던 것이다.

하지만 그것은 과거의 일이다. 인간관계가 수평적으로 바뀐 현대에는 엄격한 지적이나 지도를 따를 사람이 급격히 줄었다.

리더에게는 스태프의 기분을 고양시키고 진취적으로 만드는 언어가 필요하다. "그게 아니야.", "이렇게 해봐."가 아니라 "이거면 돼.", "지금 한 것처럼 해봐." 하고 말해야 자유로운 분위기가 형성된다. 그래야 스태프들은 기량을 더 잘 발휘한다.

옛날처럼 까다로운 요구를 해서 좋은 작품이 만들어지는 경우가 없지는 않다. 하지만 그런 상황이 주는 아니다. 극장 개봉일에 진행하는 무대 인사만 봐도 알 수 있다. "감독님은 어땠나요?", "늘 편안한 분위기를 만들어주셨어요.", "맞아요. 재미있는 이야기로 웃음을 주는 존재였지요."라는 식의 대화가 오고 간다.

완벽을 추구한다면 자기 자신에게만 요구하자. 또한 과도한 완벽주의는 업무 속도도 느리게 만든다. '너무 완벽을 기하다 보니 기한을 지키지 못했다'는 말은 비즈니스 세계에서는 통하지 않는다. 완벽성의 우선순위는 긴급도나 중요도보다 훨씬 아래에 있기 때문이다.

옛 영화계의 거장은 5년에 한 편 정도의 영화를 만들면 됐다. 하지만 지금은 보통 이상의 작품을 경영자 측의 요구에 맞춘 속도로 만드는 것이 중요하다. 명작은 그런 속도를 되풀이하는 과정에서 탄생한다. 지금 시대는 시간이나 경비를 마음껏 쓰고 만드는 것이 아니란 말이다. 하물며 비즈니스는 예술이 아니다. 필요 이상의 완벽주의는 가성비보다 우선순위가 낮다.

문제점은
번호를 매긴다

상대방에게 객관적으로 개선할 점을 알려주려면 번호를 매기는 것이 효과적이다.

"이제부터 말하는 세 가지는 개선하려고 노력하세요. 첫 번째는 ○○, 두 번째는 △△, 세 번째는 □□입니다."

앞에서 나온 "딱 하나 아쉬운 점이 있어."라는 말도 넘버링의 일종이다. 이렇게 말하면 정중하고 구체적인 느낌이 든다. 상대방도 '꼭 필요한 부분만 지시하는구나', '적절한 조언이야'라며 혼난다는 느낌 없이 납득한다. 개선할 점이 보일 때마다 "그렇게 하지 마.", "바로 그게 문제야." 하고 지적하면 안 된다. 이는 '배려가 없는 것 같아. 한꺼번에 이야기해주지' 싶은 마음이 들고 잔소리처럼 느껴지기 때문이다.

이 점이 안 좋다, 못 고치겠느냐며 부정적인 어조로 말하는 것도 피해야 한다. 오히려 상대방의 반발을 사게 된다. "이건 상식이잖아?", "사회생활에서 이건 당연하지." 등의 주관적인 표현도 금지다. 자칫 인신공격으로 받아들일 수 있다.

어른은 쓸데없는 말을 입에 담지 않는다. 문제점만을 '객관적이고 긍정적이며 구체적으로' 알려준다. 이 세 요소가 갖춰지면 다소 까다로운 내용이라도 상대방은 노력하게 된다. 반대로 '감정적이고 부정적이며 추상적으로' 전달하면 상대방의 마음에 닿기 어렵다.

중요한 것은 이 세 요소를 모두 갖추는 것이다. 가령 긍정적이기만 할 뿐 구체적으로 얘기하지 않으면 현실감각이 떨어져 마음을 움직이기 어렵다. "근육 트레이닝을 하면 굉장한 효과가 있어요."라는 말만으로는 "아… 네."로 끝날 수 있다. 영상과 타이머를 보여주며 "자세는 좋아졌는데 시간은 그대로네요. 이건 근육 트레이닝으로 개선할 수 있어요." 하고 객관적이고 구체적으로 전달했을 때 상대방도 바꾸려는 마음이 든다.

무작정 가르치기보다 조언으로 이끈다

코칭 능력을 높이려면 스포츠 다큐멘터리를 보는 게 도움이 된다. 가령 1998년에 시작된 장수 프로그램인 〈Get Sports〉도 좋은 예시다. 최근에는 프로골퍼 우에다 모모코上田桃子 선수에 관해 다루었는데 좋은 공부가 되었다.

우에다 선수는 샷이 불안정해서 성적이 좋지 않았는데, 코치와 함께 노력해 샷이 안정되면서 프로그램이 방영되던 당시에는 이미 2승을 올렸다. 그녀는 어떻게 문제를 해결한 것일까?

코치는 그녀와 함께 자세 문제를 영상으로 분석했다. 그 덕에 클럽을 머리 위까지 당긴 톱 위치에서 순간적인 텀을 주지 않고 그대로 치고 있어 샷이 안정되지 않는 원인을 찾았다. 코치는 그녀에게 클럽이 머리 꼭대기까지 올라간 위치에서 0.2~0.3초 정도 멈추는 텀을 만들자고 제안했다.

우에다 선수가 클럽을 머리 꼭대기까지 당겼을 때 코치가 그녀의 옆구리에 막대기를 살짝 갖다 댄다. 그 감각에 맞춰 우에다 선수의 움직임이 잠깐 멈춘다. 텀이 만들어지는 것이다. 금세 클럽이 떨어지므로 코치는 막대기를 재빨리 빼야 한다. 찰나의 타이밍이 어긋나면 코치의 손은 클럽에 강타 당한다. 호흡이 맞지 않으면 불가능한 연습이었다.

우에다 선수는 이 연습을 철저히 반복한 끝에 샷이 안정되었다. 그녀의 부활 드라마에 코치가 선수를 혼내는 장면은 없다. 코치와 선수가 함께 문제의 원인을 찾아내고 개선할 방법을 생각하여 이를 반복적으로 몸에 익히는 것만으로 충분했다.

함께 문제점을 찾고 호흡을 맞춰 반복적으로 연습하는 것. 이것이 현대의 코칭이다.

해머던지기 선수로 아시아의 철인이라 불렸던 무로후시 시게노부室伏重信가 아들 무로후시 고지室伏広治의 코치였을 때도 같은 광경을 볼 수 있었다.

아버지는 주로 아들을 지켜보기만 했다. 영상 등으로 객관적인 상황을 공유하고 "지금 이렇게 되었지." 하고 말로 확인한다. 그런 다음에 "왜 흐트러졌다고 생각하니?"라며 원인을 아들 본인에게 생각하게 한다. "A가 아닐까요?", "B일지도 모르겠어요."라며 둘은 진지한 대화를 나눈다. 이윽고 두 사람은 '바로 이거구나!' 싶은 원인을 발견한다. 그러면 해결 방법에 대해 다시 이야기를 나누는 것이다. 아들 고지가 아테네올림픽의 해머던지기 종목에서 금메달리스트가 된 것은 이런 선수와 코치의 관계 덕분이었을 것이다.

회사에서도 이와 다르지 않다. 가르치기보다도 끌어내기가 낫다. 지시보다는 조언이 바람직하다. 늘 코치의 눈으로 직원과 마주하기 바란다.

△ 이렇게 **하면 돼!**

◎ 어떻게 하면 **될 것 같아?**

야단치는 것은
아이를 훈육할 때만

 야단을 치는 것에 대해 주의할 점이 하나 있다. 아이를 키우는 부모까지 '아이를 야단치면 좋지 않다고 했어. 좋아, 어떤 경우라도 혼내지 않겠어'라고 생각해버리는 일이다.
 야단을 치는 것이 절대악이라며 완전히 부정하는 것은 교육상 좋지 않다. 특히 어린아이는 말썽이나 장난이 보통이 아니다. 전혀 야단치지 않고 키운다는 것은 매우 현실성이 떨어진다. 가족간의 유대관계가 안정되어 있다면 필요한 순간에 "그렇게 하면 안 돼!"하고 혼내도 괜찮다. 어린아이가 뜨거운 물체에 손을 대거나 교통사고를 당할 뻔한 순간에는 당연히 엄격하게 야단을 쳐야 한다. 반면에 잘한 일에 "이렇게 하면 좋아질 거야." 하고 칭찬을 하면 아이는 서툴던 일도 몰라보게 능숙해진다.

"안 돼!"라며 긴급히 제동을 거는 경우와 긍정적인 말로 진취적인 분위기를 만드는 경우의 균형을 잘 잡는 것이 가정에서 아이를 키우는 좋은 방법이다. 물론 '상사는 부모, 직원은 자식이나 마찬가지다. 그러니 야단을 쳐도 된다'며 그대로 상황을 옮겨오면 안 된다. "직원은 내 자식이나 마찬가지야. 난 그 정도로 인정이 많은 사람이야."라고 말하는 사람도 있다. 하지만 지금은 상사와 직원은 직장 내의 관계일 뿐 동등한 위치라는 생각이 일반적이다.

혼내면 좋아진다고 믿던 시대에는 "이건 안 돼, 저것도 안 돼.", "몇 번을 말해야 알아듣니!"라는 질책을 통해 업무 능력을 높인 면도 있다. 일본에서 특히 무사는 엄격한 지적 속에서 자랐다. 적응하지 못하고 포기하면 할복을 하기도 했다. 상상도 못할 엄격함이 아닌가.

'혼이 나야 바르게 자란다. 제멋대로 내버려두면 스스로는 고칠 수 없는 몹쓸 인간이 된다'라고 생각하던 시대가 오랫동안 지속되었다. 하지만 시대가 바뀌면서 '질책은 좋지 않다. 방임은 나쁘지 않다'라는 생각이 중심을 이루게 되었다. 실제로 혼이 나면 제대로 발전하지 못하고 위축된다. 칭찬을 들었을 때 성장하는 사람이 늘어났다.

혼나면서 자란 세대는 혼내지 않는 것에 거부감을 갖는다. '잘 혼내면 된다'고 생각한다. 하지만 시계는 거꾸로 돌릴 수 없다. 시대에 맞추는 것이 현명하다.

거듭 말하지만 잘 혼내기란 매우 어렵다. 잘 혼내려고 하다가 자신이 위축되기도 한다. 상대방을 이끄는 언어의 기술을 고민하는 편이 쉬운 시대다.

화는 조절해야 하는 감정이다

'화'라는 감정은 늘 조절하고 관리해야 한다. 어떤 경우에도 그대로 폭발시키면 안 된다. 폭발하는 순간 상대방과의 관계가 틀어지기 때문이다.

'이건 말도 안 돼!'라며 울컥할 때일수록 화를 드러내면 안 된다. 화를 낸 후에 곧장 "아, 죄송해요.", "잠깐 감정이 격해져서."라며 수습해봐야 완전한 원상복구는 힘들다. 그러니 '화는 남들 앞에서 폭발시키지 않기'로 굳게 결심하자.

화는 감정을 벌거벗은 상태로 드러내는 일이다. 말하자면 감정의 전라상태라고 할까. '남들 앞에서 전라가 되는 일은 없어야지' 하고 경계해야 한다.

예를 들어 가게에서 주문을 하는데 말도 안 되게 심한 응대를 받았다고 해보자. 그런 경우에도 화를 내버리면 계속 뒷맛이 개운치 않다. 최악의 경우 반사회적 인물처럼 비치기도 한다. 그럴 때는 "미안하지만 주문 취소하겠습니다." 하고 자리를 떠서 두 번 다시 오고 싶지 않은 불쾌감을 전달하는 것이 낫다. 기분이 진정되지 않으면 "한 가지만 말씀드리죠." 하고 문제점을 부드럽게 지적한다. 거친 말을 쓰지 않으면 마음도 침착해지고 뒷맛도 개운한 법이다.

옛날에는 감정적으로 격해져 종종 서로 화를 내기도 했다. 지금 생각해보면 모두가 반라상태로 살았다고 할 수 있다. 그런 시대였으니까 당시에는 그래도 괜찮았다. 하지만 지금은 모두가 옷을 입고 있다. 한 사람만 벌거벗고 있으면 참으로 난감하다. '화는 자연스러운 감정이다. 때로는 표출해도 어쩔 수 없지'라고 생각하면 화를 조절하기 어렵다. '화를 내는 것은 미숙하다는 표시다. 어떤 경우에도 허용되지 않는다'고 생각하는 것이 어른의 태도다.

더 나아지려는 태도를 유지한다

조직에는 여전히 별거 아닌 일에 화를 내거나 야단을 치는 인물이 존재한다. 만약 상사나 거래처 관계자가 화를 내거나 질책한다면 어떻게 할 것인가? 이때 "그렇게 말할 것까지는 없잖아요." 하고 반발해서는 안 된다. 어떤 경우든 일단은 죄송하다며 사과하는 것이 좋다.

"운이 없었어요.", "○○씨의 잘못입니다." 등의 변명도 삼간다. 상대의 화에 기름을 붓는 격이 되기 때문이다. 화도 질책도 결국은 고치라는 말이니 그것만 생각하자는 쪽으로 마음을 다

스리기 바란다. 《논어》 제15편 〈위령공〉에 '잘못이 있는데 고치지 않으면 이것이 곧 잘못이다'라는 말이 나온다. 잘못했는데도 고치지 않는 것이 진짜 잘못이라는 뜻이다. 이 말을 염두에 두면 '고치라는 이야기구나' 하고 겸허히 받아들일 수 있다.

사과한 후에 잘못한 점을 고치면 된다. 핵심은 '의견을 묻고, 곧장 움직이며, 확인하는 것' 세 가지다.

첫째, "구체적으로 어떻게 하면 될까요?" 하고 의견을 묻는다. "이렇게 수정하려고 하는데 괜찮습니까?"라며 물어봐도 좋다. 초점이 어긋난 개선을 방지하기 위함이다. 동시에 이렇게 의견을 물으면 상대방에게도 책임이 생기며 관계도 유지된다.

그런 후에는 즉시 행동한다. 그 순간 상대는 '즉시 고치려고 하는구나. 이 사람은 가능성이 있겠어'라고 생각하며 평가가 긍정적으로 바뀌기 시작한다. 또한 질책한 상대방이 분명히 알 수 있는 형태로 개선해야 한다. 살짝 과장해도 괜찮다. "구체적인 예가 하나도 안 들어 있잖아!"라는 질책을 받았다면 열 개든 스무 개든 넣어보는 것이다. 상대방은 "굳이 그렇게 많이 넣지 않아도 돼."라고 말하면서도 날카로웠던 감정은 가라앉는다.

마지막은 확인하는 것이다. 결과를 보여주며 개선되었음을 알려준다. 이 단계에 오면 누구든 고맙다며 인사할 것이다.

나는 사회인의 기준으로 '활기, 개선, 확인, 정상'을 제안한다. 혼이 나도 마음을 다잡고 기운차게 개선하고 철저히 확인한다. 이렇게 하면 사회인으로서는 충분하며 정상까지 오를 수 있다. 나는 내가 맡았던 학생들이 졸업할 때면 이 네 가지를 다 함께 소리 내어 읽게 한다.

상사와 직원, 팀장과 팀원의 관계는 대개 직원이 개선 능력을 보이느냐 마느냐에 따라 결정된다. 상사는 순간적으로 화를 냈지만 그 상태에서 빨리 벗어나고 싶어 한다. 실수를 인정하고 개선하여 성과를 내면 화는 사라진다. 전보다 더 좋은 평가를 하는 경우도 있다. 다시 말하지만 상대가 화를 내거나 질책하면 위축되지 말고 '개선하라는 거구나'라고 생각하자. 그러면 기운을 낼 수 있다. 늘 좀 더 나아지려는 마음가짐을 가지는 것이 어른의 태도다.

× 화를 내다니 너무해.

◎ **개선해야 할 점**이 분명해졌어.

자화자찬은
한마디면 충분하다

화를 내거나 야단치는 것만큼이나 듣는 이가 꺼리는 것이 장황한 자랑이다. 예전에 아무리 대단했더라도 "내가 젊었을 때는 정말 열심히 했어."라고 해본들 무의미하다.

'토요일에 격주로 쉬던 그때보다 사정이 참 좋아졌지', '설, 추석만 빼고는 죽어라 일만 하던 시절도 참 길었지'라는 말은 직원들의 반발을 사게 된다. 게다가 젊은 시절 자신의 기억도 새로 덧발라져 좋은 것들만 기억하고 있는지 모른다. 이런 말을 듣고 있는 직원들은 '늘 잘했다는 자랑만 하는군' 하고 지켜워할 것이다.

가령 20세기 축구의 황제라 불렸던 펠레나 신의 아들이라 불린 마라도나가 자신과 지금의 스타선수들을 비교해 "우리에 비하면 메시나 호날두는 아직 멀었어."라며 비판한다면 어떨까? 야유가 쏟아질 것이 분명하다. 펠레나 마라도나를 존경하는 사람조차 '옛날 축구는 디펜스도 약하고 전술이나 전법도 완전히 다르지. 지금과 비교하는 건 말이 안 돼'라고 생각할 것이다.

축구뿐만 아니라 시대가 흐르면서 전체적인 수준이 높아졌다. 과거의 일류가 지금의 일류는 아니다. '천재', '전설'이라 불리는 사람도 함부로 말할 수 없다. 하물며 보통으로 살았던 사람이 젊은 시절의 자신을 운운하는 것은 더더욱 위험하다.

이야기하고 싶다면 실패담 형태로 교훈을 전달하는 것이 좋다. 혹은 '이런 경우에 이런 방법을 쓰니 효과적이었다'는 식의 참고사례를 제시하는 편이 무난하다.

다만 자기자랑이 꼭 금기사항은 아니다. 가볍게 말하는 정도라면 자기자랑을 조금 더 해도 괜찮다. 나는 자랑을 통해 스트레스를 풀고 자기긍정의 에너지를 얻는 것을 '자화자찬력'이라고 부른다.

최적의 자화자찬력을 기르려면 5~10초 내에 자랑을 끝내는 시간 감각이 중요하다. 이때 핵심은 자기자랑을 한 후에 반드시 상대방의 자랑도 들어주는 것이다.

자랑이 1분이나 계속된다면 너무 길다. 하물며 3분, 5분이나 혼자 떠든다면 필시 미움을 받게 된다. 5~10초 정도의 길이라면 어떤 자기자랑이라도 일단은 들어줄 것이다. 5초는 짧은 시간이 아니다. "고등학교 때 의외로 인기가 많았어요." 정도면 2초 정도 되지 않을까.

나는 강의시간에 학생들에게 '5초 내에 기분 좋게 자랑하기' 과제를 내기도 한다. 네 사람이 한 팀을 이루게 한 뒤, 한 사람씩 자기자랑을 하게 한다. 한 명씩 자랑을 할 때마다 다함께 "우와! 대단한데." 하며 박수를 치고 다음 사람이 이야기를 한다. 네 명이 순서대로 돌아가며 자기자랑을 하는 것이다. 이렇게 몇 번 돌면 수업이 끝날 무렵에는 모두 표정이 확연히 밝아져 있다.

누구나 자신에 대해 이야기하고 싶어 한다. 자랑을 하며 스트레스를 풀고 싶다. 하지만 타인의 자랑은 듣기 싫다. 이런 상황을 해결하는 방법이다.

△ **자기자랑은 하지 마.**

◎ 한마디로 **가볍게 하는 자기자랑 정도는 괜찮지 않을까.**

제4장

말 잘하는 사람은 타이밍을 놓치지 않는다

부담 주지 않고 신뢰를 쌓는 어른의 말하기

상대에게 득이 되는 일만 제안한다

상대에게 아무런 득이 되지 않을 때는 어떤 일도 의뢰하지 않는다. 이를 의뢰의 첫 번째 원칙으로 삼자.

비즈니스란 어떤 식으로든 서로에게 이득이 될 때 이뤄진다. 어떤 일을 의뢰하거나 제안할 때 어느 한 쪽에 아무런 득이 되지 않는다면 거래는 성사되지 않는다.

만약 상대에게 이득이 되지 않는 일을 의뢰한다면 사회성이 부족하다는 의심을 받을 것이다. 이전의 관계나 상대의 배려로 한 번 정도는 의뢰를 받아줄 수도 있겠지만 이런 상황이 반복

된다면 신뢰를 잃을 것이다. 그러니 서로에게 득이 되지 않는 의뢰는 절대 하지 않는 편이 안전하다. 또한 득이 될 만한 것이 꽤 있는 경우라도 "이런 이득이 있을 겁니다." 하고 노골적으로 말하지 말자. 그러면 상대방은 강요하는 것으로 느낄 수도 있다. 가령 금전 조건이 유리하다면 금액을 가볍게 언급하기만 해도 상대는 기뻐할 것이다.

"500만 원을 지급하겠습니다. 이 정도면 시세보다 상당히 좋은 조건이에요."라고 말하는 사람은 거의 없을 것이다. 시세는 상대방도 잘 알고 있다. 좋은 조건이라는 사실을 더 강조하면 '돈으로 낚으려는 건가?' 하고 부정적인 느낌을 준다. "500만 원을 지급하겠습니다."에서 끝내는 것이 좋다. 그리고 의뢰자가 '상대에게 득이 된다'고 생각하는 일이 정작 득이 되지 않는 경우도 있다. 예를 들어 나는 한 신문사로부터 이런 집필 의뢰를 받은 적이 있다.

> ✗ 이 기고란을 담당하면 나중에 ○○위원이 될 수 있어 저희 회사의 등용문이라고 할 수 있습니다.

나는 이 제안을 즉시 거절했다. '어째서 내가 아무런 인연도 없는 신문사의 출세 관문에 올라야 한다는 거지? ○○위원을 하고 싶은 마음도 없는데'라는 강한 거부감이 들었기 때문이다. 의뢰자는 ○○위원이 되는 일이 상당한 이점이라고 믿어 의심치 않았을 것이다. 하지만 그것은 의뢰자의 입장에서만 생각한 편협한 자세다. 꼭 등용문이라는 말을 하고 싶었다면 다음과 같이 암시하는 정도면 된다. 이 정도면 과거의 집필진도 알 수 있고 친절한 의뢰라고 느껴진다.

> ◎ 참고로 과거에 이 기고란을 담당했던 분들입니다.
> A(현 ○○위원), B(현 ○○위원), C(현 ○○위원)

득이 될지 말지는 어디까지나 의뢰를 받은 사람이 결정한다. 특히 잘 알지 못하는 상대에게 어떤 제안을 할 때는 자신의 기준이나 가치관에 맞춰 득이 된다며 의기양양하게 말하지 않길 바란다. 자기중심적이고 시야가 좁다는 인상을 주어 역효과가 난다.

상대의 시간을 배려하는 의뢰의 태도

상대로부터 긍정적인 반응을 끌어내는 데 효과적인 의뢰 방법은 다음 세 가지다.

- 짧게 의뢰하기
- 적절한 타이밍에 의뢰하기
- 조건을 제시하며 의뢰하기

이때 '짧게'의 기준은 30초다. 1분은 너무 길다. 15초는 현실적이지 않다. "30초 정도 괜찮으세요?"라고 묻는 것이 현실적인 시간 감각이라고 생각한다. 아무리 바쁜 사람도 하던 일을 멈추고 이야기를 들어줄 것이다.

이때 정말로 30초 만에 의뢰를 마무리하는 것이 중요하다. 종종 30초만 시간을 달라고 하고서는 몇 분씩 이야기를 늘어놓는 사람이 있다. 그런 식으로 시간을 지키지 않는 사람은 신용을 잃는다. 상대방에게서 긍정적인 대답을 받을 확률도 낮다.

30초만 시간을 달라고 했다면 정말 그 시간 안에 이야기를 끝내라. 전달하지 못한 내용이 있다면 "다른 한 건은 다음번에 말씀드릴게요."라고 하면 된다. 시간을 정확히 지키면 설령 상대방이 거절을 해도 신뢰는 얻을 수 있다. 다음에 조건을 바꾸어 의뢰하거나 다른 일로 찾을 때도 당신의 이야기를 들어줄 것이다. 긍정적인 대답이 돌아올 확률도 높아진다.

과거에 "잠깐이면 됩니다."라며 계기를 만든 후 상대방을 붙들고 놓아주지 않는 영업방식이 있었다. 문을 살짝 열고 문틈에 발을 넣은 채 문을 닫지 못하게 하는 것 같아서 '문전 걸치기 전략' foot in the door technique이라고 불렸다. 이런 방법은 이제 통하지 않는다.

시간 엄수는 물론이고 속임수를 쓰는 것도 금물이다. 3분이라고 말했다면 3분, 30초라고 했다면 30초를 지키는 정확성이 중요하다. 그것은 상대방의 시간을 빼앗지 않는 비즈니스 철칙이기 때문이다. 나 역시 스톱워치를 이용해 시간을 초 단위로 지키려고 한다.

　의뢰의 타이밍을 정하는 데는 상대방의 기분과 상황을 알아차리는 것이 중요하다. 한창 바쁠 때, 무언가에 집중하고 있을 때 말을 거는 것은 실례다. 상대방의 휴식시간이나 여유가 있을 때 살며시 다가가는 것이 좋다.

　일이 잘 풀리지 않는 사람은 그런 타이밍을 제대로 파악하지 않았기 때문이다. 긍정적인 답변을 잘 끌어내는 사람은 타이밍을 살핀다. 타이밍을 잡기 위해 그만한 시간과 에너지를 쓰는 것이다.

　의뢰할 타이밍을 직접 만들 수도 있다. 가볍게 잡담을 하면서 분위기를 만드는 것이다. 상대방이 편안한 상태일 때 살짝 부탁하면 된다. 잡담을 나눌 수 있는 관계이고 잡담 능력이 뛰어나다면 매우 효과적인 방법이다. 긍정적인 답변을 끌어내는 데도 잡담 능력은 매우 중요하다.

선택지를 준비해
상대의 시간을 절약한다

앞에서 이야기한 의뢰 방법의 핵심 중 한 가지, '조건을 제시하며 의뢰하기'를 바꿔 말하면 상대방이 빨리 판단할 수 있도록 선택지를 준비하라는 뜻이다. 금전적 조건이나 시간, 기한, 이를 변경 가능한 범위 등을 정한 후 조건을 제시하며 의뢰하는 것이다.

상대방은 "한 시간이요? 좋습니다.", "두 시간이요? 검토해볼 게요.", "반나절은 어렵습니다." 하고 즉시 판단할 수 있으며 부담이 줄어든다.

조건이 정리되지 않은 경우에는 선택지를 늘리자. "충분히 가능하실까요? 조금 가능성이 있나요? 아니면 이번에는 어려우실까요?"라는 식이다. 가능성이 있는 경우에는 다시 의뢰할 수 있는 길이 열린다. 예, 아니오의 양자택일보다 유연하게 의뢰할 수 있다.

조건을 전혀 제시할 수 없다면 의뢰를 자제하자. 상대방이 판단을 내릴 수가 없다고 느끼게 되어 관계에 악영향을 주기 때문이다.

협상이론에 'BATNA'라는 용어가 있다. 이 말은 'Best Alternative To a Negotiated Agreement'의 약자로 상대방이 제안한 것 이외의 가장 바람직한 대안이라는 뜻이다. 선택지를 늘리는 것이 BATNA를 의식한 의뢰다.

△ 조건은 A입니다.

◎ 조건은 A입니다. 그리고 조건 B, C의 경우도 검토하겠습니다.

그저 A조건으로 부탁한다는 말이 아니라 B, C 조건도 고려할 용의가 있다고 전달하는 것이다. 원하는 조건이 있으면 알려달라고 해도 좋다. B조건이라면 흔쾌히 수락하는 경우도 있다. 혹은 상대방이 직접 원하는 조건을 제안하기도 하여 관계가 형성되고 대안을 찾는 일도 적지 않다. 이처럼 유연하게 의뢰하면 거절하는 경우라도 이야기를 무리 없이 마무리할 수 있다.

조건을 명확히 전달한다

상대에게 득이 되는 내용을 제시할 때 '이번 의뢰는 메리트가 너무 적은 건 아닐까' 싶어서 말이 잘 안 나올 때도 있을 것이다. 하지만 이런 상황일지라도 겁내지 말고 조건을 분명히 전달하는 것이 중요하다. 그런 성실함이 '확실한 사람이구나. 조건이 마음에 안 차는 부분도 있지만 수락해볼까'라는 판단으로 이어지기도 한다.

인간관계나 비즈니스가 어떻게 진행될지는 초기 대응을 어떻게 하느냐에 따라 결정되기도 한다. 처음에 조건을 명확히 알려주었는지에 따라 그 후의 전개는 완전히 달라진다.

과거에는 조건은 애매하지만 일단 일을 맡기기만 하면 나중에는 어떻게든 될 것이라는 다소 무례한 방식도 존재했다. 하지만 투명성이 중시되는 오늘날에는 통하지 않는다. 조건을 명확하게 제시하지 않으면 의뢰 내용이나 의뢰자의 실체까지 불투명해 보이기 때문이다.

상대방 입장에서는 '가장 중요한 내용을 알려주지도 않고 의뢰를 하다니 도대체 뭐하는 사람이야!' 하고 수상히 여기고 멀리한다. 알지 못하는 상대에게 의뢰할 때는 특히 투명성을 어필하는 것이 중요하다.

> ✕ 조건은 수락하신 후에 **다시 상의** 드리겠습니다.

> ◎ 충분하지 않다는 것은 알지만 일단 이 조건으로 **검토 부탁드립니다.**

조건을 명확히 알려주는 것은 상대방에게 부담을 주지 않으려는 배려이기도 하다. 상대방이 조건을 묻게 만드는 의뢰는 비즈니스 예의가 아니다. '의뢰 내용은 나쁘지 않지만 너무 배려가 없군. 이번 이야기는 못 들은 걸로 해야지' 하는 생각이 절로 들게 한다.

다시 상의하자는 이야기를 들었을 때도 상대의 기분은 다르지 않다. '협상하기 나름이라는 건가? 무슨 의도지?' 하고 거부감이 든다.

거절의 에너지를
줄여준다

거절의 용이성을 고려하는 것도 의뢰를 할 때 매우 중요하다. 거절하는 데는 상당한 에너지가 필요하다. 보통 상대방에게 상처를 주지 않으려 하고 나쁜 인상을 주지 않으려는 마음이 강해서 거절하는 것에 꽤 피로감을 느낀다. '이 조건이면 수락하는 것이 당연하다'는 식의 의뢰는 폭력적인 행위라고 보면 된다. 항상 의뢰할 때는 거절당할 수 있다는 것을 전제로 정중히 말하는 것이 좋다.

상대방이 회신해야 하는 부담도 줄여주자. 가급적 재촉하지도 말자. 한 번의 회신으로 결정되는 의뢰가 가장 좋다.

답장이 없으면 거절이라고 받아들일 수 있는 의뢰를 하는 것이 현명하다. 거절을 당하면 '떠나는 새는 뒤를 어지럽히지 않는다'는 말처럼 깔끔하게 물러서고 다음을 기약한다. 뒤를 어지럽히는 듯한 말을 하면 다음 기회를 스스로 없애는 꼴이 된다.

> △ 진행 여부는 **메일로 보내주시면** 고맙겠습니다.

> ◎ 거절하실 경우에는 **회신하지 않으셔도 됩니다.**

물론 기존에 알던 상대에게 '메일을 보냈는데 통신 문제로 못 보시는 경우도 있어서 다시 보냈습니다.' 하고 확인하는 정도는 괜찮다. 부담 없이 거절할 수 있게 해주면 그것만으로도 상대방은 호감을 갖는다. 설령 거절할지라도 관계는 지속된다. 좋은 관계가 유지되면 당연히 서로의 사정도 알게 되고 긍정적인 답변을 끌어내기도 쉬워진다.

재의뢰를 위한 효과적인 '한마디 기술'

비즈니스는 장기전이다. 한 번 거절당한 거래처에 다시 의뢰해야 하는 경우도 부지기수다. 같은 건을 다시 의뢰하는 경우와 새로이 다른 건을 의뢰하는 경우가 있는데, 긍정적인 답변을 얻어내는 핵심은 두 가지 경우가 거의 같다.

우선 거절을 당했을 때 '또 부탁드릴 기회를 주셨으면 합니다.', '다음에도 인사를 드리겠습니다.' 같은 다음으로 이어질 수 있는 한마디를 덧붙이자.

> △ 검토해주셔서 감사합니다.

> ◎ 검토해주셔서 감사합니다. **또 부탁드릴 기회를 주셨으면 합니다.**

이 한마디가 다시 의뢰할 때 마음의 장벽을 낮춘다.

어려운 것은 상대방이 "다른 기회가 있으면 잘 부탁합니다." 하고 거절의 뜻을 보였을 때다. 진의가 관계를 유지하자는 것인지, 두 번 다시 의뢰하지 말라는 뜻인지 파악하기가 쉽지 않다. 이때 실례가 되지 않는다면 "가능한 범위에서 거절의 이유를 알려주십시오." 하고 대략적인 거절의 이유를 물어봐도 좋다. 그러면 다음 의뢰 시 도움이 된다.

> ✕ 거절의 이유는 일정 때문인가요? **금액** 때문인가요?

> ◎ 거절의 이유는 일정 때문인가요? 아니면 **다른 사항** 때문인가요?

금전적인 면을 직접 언급하지 않고 '다른 사항', '그 밖의 조건' 등으로 표현하자. 이 점을 잘 살피길 바란다. 너무 노골적으로 물어보면 다음에 같이 일하기 힘들어진다. 그 밖의 조건은 대개 금전적인 것을 의미하고, 그렇지 않은 경우라도 '아마도 이 문제 때문이구나' 하고 추측하기 쉽다. 거기까지 알고 나면 다시 의뢰할 때 그 부분은 보완하거나 수정이 가능하다. 알려달라는 말을 이렇게 우회적으로 할 수도 있다.

◎ **후학들을 위해** 알려주십시오.

◎ **다시 부탁드릴 때를 위해** 알려주시면 감사하겠습니다.

거절의 이유를 알려주면 조건을 수정해서 다시 연락하겠다는 자세를 보이는 것이다. 그러면 상대방도 순순히 답해줄 가능성이 높다. 그리고 저번에 수락되지 못한 이유를 고쳐서 의뢰하는 경우 강요하지 않는 범위 내에서 '부담을 줄였다'는 뉘앙스를 풍기는 것도 좋다.

> △ 이번에는 이 일정이면 어떠신가요.

> ◎ 준비기간이 짧다는 **지적**을 받고 이번에는 일정을 대폭 조정해보았습니다. 어떠신가요?

'이렇게 하면 되겠느냐?'고 의향을 물으며 배려하는 모습을 보이면 '원하는 대로 수정했으니 이제 수락해줘야지'라는 압박이 완화된다.

모든 의뢰는
개별적으로 진행한다

자기도 모르게 요청을 수락하게 되는 심리적 메커니즘 중 하나로 '상호성의 법칙'이 있다. 무언가 도움을 준 사람이 하는 부탁을 거절하기는 힘들다. 보답해야 한다는 빚진 기분이 들기 때문이다.

예를 들어 항상 많은 도움을 주던 사람이 "가게 벽에 이 포스터 좀 붙여주세요."라고 부탁하면 좀처럼 거절하기 힘들다. 이렇듯 보답의 원리는 꽤 강력한 힘을 발휘한다. 사람의 심리적인 약점을 파고드는 방법을 해석한 로버트 치알디니Robert B.

Cialdini의 《설득의 심리학》에서도 이를 상세히 다루고 있다.

하지만 이런 심리를 이용한 의뢰는 하지 말자. 인간은 '빚은 갚아야 한다'는 심리가 강한 반면에 '빚을 지고 싶지 않다'는 심리 역시 강하다. 보답을 해야 하는 상황 자체를 피하게 된다. 그러니 이유도 없이 무료로 무언가를 주면 '공짜로 이런 걸 줄 리가 없잖아' 하고 거부반응부터 보이며 무언가를 주는 사람을 수상하게 여긴다. '이대로 가면 성가신 관계가 될 것 같다'며 벽을 치기 시작한다. 친하지 않은 상대로부터 "보답 같은 건 안 해도 돼."라는 말을 들으면 훗날 은혜를 갚으라고 강요할 것 같은 느낌이 든다.

특히 비즈니스에서는 의뢰는 매 건이 별개라고 생각하는 편이 좋다. 하나의 거래가 끝나면 빚이고 뭐고 다 없어진다. 각각의 건을 개별적으로 진행하면 상대방에게 성실함이 어필될 수 있다.

'내가 그때 어려운 조건인데도 도와줬는데…' 싶은 과거 사례가 있어도 입에 담지 않는 편이 좋다. 서로 빚을 진 상태가 발생하지 않도록 한 건 한 건을 별도로 처리하는 관계가 오래 가는 법이다.

감사 인사는
세 번 이상 한다

나의 제안이나 의뢰에 상대방이 흔쾌히 수락했다면 적어도 세 번은 감사의 뜻을 전하는 것이 매너다. 일을 수락했을 때, 실행할 때, 종료했을 때다.

우선 일을 수락한 시점에 감사를 전한다. "잘 부탁드립니다!" 하고 기대를 표하는 타이밍이기도 하므로 여러모로 잘 표현하자. "큰 배려에 깊이 감사드립니다."라는 식으로 말이다. 다만 실행하는 것은 앞으로의 일이므로 "인생이 달라졌습니다.", "이 은혜는 평생 잊지 않겠습니다." 등의 과도한 표현은 삼가는 것이 현명하다.

상대가 거절한 경우에도 정중하게 예의를 표하며 관계를 유지하도록 한다. "일부러 메일까지 보내주셔서 감사합니다.", "번거롭게 해드려서 죄송합니다." 하고 말이다.

일을 진행하면서는 연락을 주고받을 때마다 감사의 마음을 전한다. '수고해주셔서 감사하다', '매우 큰 도움이 되고 있다'는 느낌이 전해지도록 말이다. 이는 상대방의 의욕을 높게 유지시켜주는 효과도 있다.

일이 마무리되었을 때는 노고를 치하하는 말을 전달하자. 상대방에게서 "당신도 수고 많으셨습니다."라는 인사가 되돌아올 정도라면 더할 나위가 없다. 실행의 성과나 반향을 구체적으로 담아서 인사하는 것도 중요한 요소다. 설령 결과가 좋지 않더라도 긍정적인 표현을 사용하자.

> ✕ 지금은 **잠시 주춤하고** 있지만 다음 시즌을 기대하고 있습니다.

> ◎ **꾸준한 오름세**를 보이고 있어 다음 시즌에 기대가 큽니다.

결과가 좋을 때는 '역시 대단하다며 모두들 기뻐하고 있습니다' 하고 깊은 감사를 표하면서 결과가 좋지 않을 때는 인사 메일 한 줄도 보내지 않는다면 이는 현명한 행동이 아니다. 상대방에게 '차갑고 이해타산적인 사람'이라며 신뢰가 깎일 것이 분명하다.

의뢰를 수락했을 때, 실행 중일 때, 종료했을 때의 감사 인사는 꼭 필요한 최소한의 예의다. 일이 끝난 후에도 교류가 끊어지지 않도록 하자. 기한을 정해두고 정기적으로 연락하는 것이 좋다. 원만한 인간관계를 유지하기 위한 연락선처럼 말이다. 그리 번거롭지 않다. 가령 반년에 한 번 정도의 간단한 메일, 연하장, 명절 인사 정도면 일 년에 네다섯 번은 연락할 수 있다.

△ 벌써 1년이 지났습니다. 기회가 있으면 다시 일을 부탁드리도록 하겠습니다.

◎ 얼마 전 ○○을 방문했는데 귀사의 일처리에 대한 이야기가 나왔습니다. 얼마나 **칭찬이 쏟아지던지요. 다음에도 꼭 귀사에** 부탁드려야겠다 싶었습니다.

이때 핵심은 긍정적인 정보를 담는 데 있다. 일을 하다보면 이런 이야깃거리가 일 년에 한두 번은 꼭 생긴다. 그것을 다음 의뢰로 연결시키는 말을 덧붙여 전달하기만 하면 된다. 그러면 상대방도 무슨 일이 있을 때 '그러고 보니 그 사람이 있었지' 하고 떠올리게 되고 거기서 다음 일이 시작된다. 비즈니스는 그렇게 확장된다.

의뢰 후 진행 상황을 반드시 확인한다

의뢰를 수락한 상대방에게 피치 못할 사정이 생기는 경우도 있다. "예상하지 못한 큰일이 생겨서 제 날짜에 못 맞출 것 같습니다.", "다른 문제가 생겨서 처리하느라 정신이 없어요.", "다른 안건을 우선 처리해야만 하는 상황이에요."라는 식이다. 상대방이 실행하는 것을 잊어버리는 일도 있다. 그러니 상대에게만 맡기지 말고 진행 상황을 확인하고 돌발 상황에 대비해야 한다.

예상되는 일정의 중반 정도에 재확인하는 게 좋다. 초반에 까다롭게 상황을 계속 물어보면 '나를 못 믿나?' 하고 상대의 기분이 상할 우려가 있다. 끝날 시기에 확인하는 건 너무 늦다. 그러니 중반 정도가 일에 차질이 생겼을 경우 차선책을 내서 만회할 수 있는 최후의 타이밍인 셈이다. 이때 '사실은 재촉하는 겁니다', '살짝 불안해서요'라는 저의가 드러나지 않도록 주의하자. 상대방에게 도움의 손길을 내미는 듯한 표현이 좋다.

> ✕ **마감이 내일**이네요. 진척 상황을 알려주십시오.

> ◎ **마감까지 이제 절반쯤** 왔네요. 뭔가 어려운 점이 있으면 편하게 **알려주세요.**

재확인이 필요한 이유는 상대방이 자신의 상황에 대해 적극적으로 알리는 경우가 드물기 때문이다. 이대로는 어렵다는 것을 깨달은 시점에도 연락을 미루는 경향이 있다. 일을 실행하는 입장에서는 나쁜 상황을 먼저 말하기 꺼리는 법이다. 그러니 '이대로는 위험하군' 하고 눈치챘다면 더 직접적으로 물어봐도 된다.

"아무래도 힘들 경우에는 연락주십시오."

"갑자기 바빠지거나 작업량이 예상과 다르면 편하게 말씀해 주세요."

이러한 연락이 계기가 되어 상대방도 솔직하게 현 상황을 알려줄 수 있다. 다만 아무리 최악의 상황이라도 "일을 수락하고서는 이렇게 말을 번복하면 안 되죠!" 하고 책임을 추궁하지는 말자. 상대방이 그만두겠다고 하면 일이 더 꼬일 수도 있다. 우선은 개선책을 찾는 데 집중하자. 위약이니 손해에 대한 협의는 훨씬 뒤의 일이다.

참고로 나의 경우는 대학교 졸업논문은 1년 이상 걸리는 장기 프로젝트이므로 두세 번씩 확인한다. 기일까지 제출하지 않으면 졸업하기 어렵다고 알려주고 학생들도 분명히 알겠다고 약속했는데도 마감 일주일 전에 확인해보면 거의 쓰지 못한 경우가 있기 때문이다. 반년 전쯤에 중간보고회를 열어 개별적으로 몇 번의 확인과 지도를 한 후, 구상과 집필 상황 등 구체적인 사항을 확인해야 한다. 비즈니스 상황이라면 이보다 더 까다롭게 확인하는 것이 당연하다.

제5장

온화하게 말할수록 말의 힘은 더 강해진다

결정적인 순간에 상황을 주도하는 어른의 말하기

논의가 비생산적으로 흐르는 이유

대화는 늘 생산적인 방향으로 흐르면 좋다. 잡담조차 무언가를 만들어내는 첫걸음이 되기도 한다. 그렇다면 서로의 지혜를 모아 답을 찾아가는 논의는 가장 창의적인 것이라 할 수 있다. 앞에서도 설명했지만 이것은 논의의 과거 이미지일 뿐 사실 나는 논의만큼 비생산적인 대화가 없다고 생각한다.

논리적으로 이야기하는 것 같지만 서로의 주장과 감정이 충돌하고 있을 뿐이다. 합의를 향해 걸어가는 듯 보이지만 점차 대립이 심해진다. 해결책을 얻을 수 있을 것 같지만 이야기는 반대 방향으로 흘러간다. 대개가 그렇다. 그러니 우선은 서로 의견이 달라도 기본적으로는 반론하지 말자. 반론을 하여 논의를 하게 된 시점에서 이미 대화에 문제가 생긴다.

반론하고 싶어지는 이유는 상대와 자신 사이에 모순(대립)이 생겼기 때문이다. '그러면 모순을 분명히 밝혀 해결하면 되지 않을까' 싶겠지만 일부러 그러지 않는 것이다. 특히 상대가 상사나 거래처 인물일 경우에는 "지금 하신 말씀 말인데요.", "그렇게 말씀하시지만." 등의 노골적인 표현은 피하는 게 좋다. 말대꾸를 한다고 여기거나 상대의 거슬리는 감정을 부추기기 때문이다.

'서로의 입장 차이를 명확히 해봤자 무의미하다'며 마음을 가라앉히자. 중요한 것은 대립구도를 만들지 않는 것과 상황을 개선할 아이디어를 내는 일이다. 그리고 회의의 방향이 악화된다면 자연스럽게 이야기를 전환시킬 수 있는 가벼움이다. 또한 "의견이 대립되는군요.", "의견이 서로 갈라지는 듯한데." 등의 말은 대립구도를 더 의식하게 해 이야기를 복잡하게 만든다. 그런 갈등을 남기는 화법은 피해야 한다. 생산적인 대화는 여기서부터 시작된다.

그렇다면 논의가 비생산적으로 흐르는 이유는 무엇일까?

일반적으로 논의는 변증법적으로 진행된다. '내 의견(정)과 당신의 의견(반)은 이 점이 다르다'는 것을 분명히 함으로써 모순을 뛰어넘는 새로운 의견(합)에 도달하는 것. 원활하게 진행되는 논의는 이 과정을 되풀이한다.

다만 변증법은 매우 서구적이라고 할 수 있다. 고대 그리스의 제논과 소크라테스에게서 시작되어 칸트와 헤겔 등에 의해 발전했기 때문에 서구적인 대화 방식에 익숙한 사람들은 이 방식으로 원활하게 소통한다.

하지만 동양인의 사고방식에는 별로 맞지 않는 듯하다. 의견이 감정이나 인격과 한데 묶여 세트를 이루는 경우가 많기 때문이다. 모순점을 대놓고 밝히려다가는 인간관계가 악화되고 대화가 더 이상 진행되지 않는다. 이는 좋고 나쁘고의 문제는 아니다. 그러니 어느 식으로 따르라고 할 필요도 없다. 지금의 각자 처한 환경 속에서 최선을 다하는 화법이 가장 생산적이다.

물론 상대방의 의견이 백 퍼센트 문제가 있다고 해도 절대 논리로 이기려고 해서는 안 된다. 논리로 상대를 가르치려고 하는 사람은 좋은 인간관계를 구축하기 어렵다.

화자를 기호화해 의견과 감정을 분리한다

회의를 할 때 각자 낸 의견들을 정리해 공유할 필요가 있다. 우선 의견과 감정을 구분해야 한다. 어떻게 하면 좋을까?

화이트보드를 사용하는 경우에는 의견을 적는다. 핵심은 화자를 A, B, C로 기호화하는 것이다. 즉 객관화시킨다.

직함이나 이름을 적으면 아무래도 화자의 입장이나 인격이 의견과 결합된다. 직급이 높은 사람의 의견이 타당성이 없다고 생각해도 부정하기 힘들다. 직급이 없는 사원의 의견에 동의해도 선뜻 나서기 어렵다.

> ✕　□□과장: 실행, △△주임: 상황을 봐서 재검토, ○○사원: 미실행

> ◎　A: 실행, B: 재검토, C: 미실행

　화자를 A, B, C로 표시하면 의견과 개인이 분리된다. 화자가 직급이 높거나 오랫동안 열심히 일한 사람이라거나, 혹은 경험이 부족하다는 등의 요소에 좌우되지 않을 수 있다. "세 가지 의견이네요. 어느 것으로 정할까요?" 하고 윗사람의 눈치를 보지 않고 자연스럽게 대화하며 객관적으로 검토할 수 있다.
　쓰지 않고 회의를 진행하면 대화가 아닌 휴먼드라마처럼 흘러가기 쉽다. "과장님 의견은요.", "○○씨 의견 말인데요." 등 불필요한 상하관계를 고려해 말하느라 수습하기 어려운 방향으로 흐르기도 한다. 그러니 의견을 적어 신속하게 결정하자. 혹은 "이 건을 해결하려면 어떤 방법이 있을까요?" 하고 물은 후 나온 의견들을 충실히 적어보는 것도 좋다. 두 사람이 대화할 경우에는 책상 위에 종이와 필기구를 놓고 화이트보드처럼 사용하면 된다.

> **대립구도를
> 만들지 않는다**

 앞에서 모순점을 명확하게 규명하지 않는 것은 대립구도를 만들고 싶지 않는 태도 때문이라고 말했다. 대립구도를 만들어 해결하는 미국식 소통 방식을 부정하는 것은 아니다. 그들은 문제가 발생했을 때 변호사를 고용해 소송을 하고 상대방도 똑같이 응수한다. 서로 정의와 이익을 주장하며 판결이 나야만 싸움이 끝난다. 사회를 원활하게 운영하는 하나의 방법일 것이다.
 서구에서는 의견 차이를 재미있게 여기는 면이 있다. 소크라테스의 제자인 플라톤의 저서 《향연》을 보아도 알 수 있다. 축하모임에서 참가자가 자신의 의견을 주장하고 서로 논의한다. 서로 의견이 다를수록 흥미롭게 여기고 "기분 좋은 논의다. 자, 한 잔 하자."는 식의 대화가 이루어지는 것이다.

하지만 동양인의 정서에서는 대립하는 상황만으로도 피로를 느낀다. 가령 문제가 해결이 되어도 대립했던 인간관계는 쉽게 원래대로 돌아가지 않는다. 스포츠라면 승부 후에도 개운하게 악수를 나눌 수 있지만 상대방과 노골적인 대립을 한 후 산뜻한 기분으로 악수를 나누기란 쉽지 않다.

대립구도를 피하는 사람들은 의견 차이를 지뢰로 간주하고 밟지 않기 위해 애쓰면서 대화하는 편이다. '여기가 지뢰군', '이걸 화제로 삼으면 별로 좋지 않겠어'라는 것을 아는 사람끼리 이야기를 생산적으로 진행할 수 있다. 균형을 중시하는 대화법이라고 할 수 있다.

△ 좋아, 끝까지 논의해서 결론을 내자.

◎ 이쯤에서 **관점**을 바꿔 생각해보자.

굵직한 아이디어를
끌어내는 법

 논의를 피하고 생산적으로 대화를 하려면 '아이디어를 내보자'며 제안하는 것이 가장 좋은 방법이다. 상황을 바꿀 만한 아이디어가 나오면 대립을 해소할 수 있다.
 아이디어는 반드시 번뜩이는 발상만을 의미하지 않는다. 지식과 경험을 조합하여 생각의 각도를 이리저리 바꾸어보면 분명히 얻을 수 있다. 번뜩이는 발상은 재능에 좌우되는 면이 크지만 아이디어는 지식, 경험 그리고 노력과 끈기가 중요하다. 즉 누구든 연습하면 풍부하게 아이디어를 낼 수 있다.

획기적인 아이디어가 계속 떠오르는 놀라운 두뇌의 소유자가 아니어도 일단 아이디어를 짜내면 된다. 평범한 아이디어도 조금씩 개선하다 보면 굵직한 아이디어로 발전한다. 주위 사람들의 아이디어가 더해져 훌륭한 아이디어로 바뀌기도 한다.

아이디어를 내는 일은 인생의 여러 상황에서 매우 중요하다. 인공지능의 권위자인 레이 커즈와일Ray Kurzweil도 자신의 저서 《특이점이 온다》에서 '문제를 해결하려면 아이디어를 내는 방법밖에 없다. 좋은 아이디어로 문제의 절반은 해결할 수 있다. 아이디어를 내는 데 머리를 써야 한다'고 말하기도 했다.

특히 의견이 대립할 때는 '논의는 필요 없다. 아이디어가 필요할 뿐. 아이디어가 전부다'라고 생각하며 원점으로 되돌아가자.

△ **의견**을 주세요.

◎ **아이디어**를 떠올려봅시다.

가벼운 압박으로
아이디어를 끌어내는 법

좀처럼 아이디어가 나오지 않는 사람에게는 두 가지가 부족하다고 보면 된다.

첫 번째는 '연습'이고, 두 번째는 '주인의식'이다. 당면한 문제를 해결해야 하는 당사자로서 아이디어를 내야만 한다는 가벼운 압박이 있으면 아이디어는 더 잘 나온다.

그렇다고 '당신은 문제를 해결할 의지가 없다'며 지적한다면 분위기만 험악해질 뿐 상대방에게서 좋은 반응을 끌어낼 수 없다. 오히려 가벼운 압박을 가하는 편이 훨씬 빠르다.

나는 대학에서 강의할 때 학생들에게 살짝 압박을 주어서 아이디어를 내도록 했다. 가령 '이 글에 제목을 붙이세요'라는 주제로 아이디어를 모으는 것이다.

"여기 서른 명이 있군요. 모두 일어서세요. 아이디어를 말한 사람부터 앉으면 됩니다. 가급적 아이디어가 중복되지 않도록 하세요."

이런 식으로 가벼운 압박을 준 다음 "일단 30초 동안 생각해보세요."라며 생각할 시간을 준다. 순간 압박을 느끼는 두뇌는 30초 동안 회전율을 단번에 끌어올리기 때문이다.

"좀 별로다 싶어도 주저하지 말고 말해보세요. 촌스러운 제목이 인기를 끄는 경우도 있으니 일단 말해보는 것이 중요합니다." 하고 격려하면 아이디어를 말하는 학생들이 나오는 속도가 더 빨라진다.

"자, 아이디어 있는 사람?" 하고 물으면 몇 명이 손을 든다. 선착순으로 다섯 명을 지명하고 화이트보드에 다섯 가지 아이디어를 적는다. 그런 다음에 또 다른 다섯 명의 아이디어를 듣고 적기를 반복한다.

화이트보드에 스무 개 정도 제목이 나열되면 아이디어를 내는 일이 꽤 고역스럽다. 그러니 마지막에는 이미 나온 아이디어와 비슷해도 괜찮다며 조건을 완화한다. 그러면 한 명도 남김없이 아이디를 낼 수 있다.

몇 분 만에 전원의 아이디어를 모았으니 이 중에서 가장 좋은 것을 고르라고 한 후 첫 번째 주제에 대해서 강의를 마친다. 그리고 다른 주제를 놓고 동일한 과정을 되풀이한다.

제한된 시간 동안 이런 연습을 계속한다. 이렇게 반복하면 학생들은 아이디어를 내는 일에 익숙해진다. 어떤 주제든 아이디어를 낼 수 있다는 자신감이 생긴다.

처음에는 아이디어를 내기 힘들어하던 학생들도 자신에게서 생각보다 좋은 아이디어가 나온다는 것을 깨닫는다.

> ✕ 아이디어 좀 내세요.

> ◎ **한 사람씩** 아이디어를 내세요.

작은 배려로 이야기를
똑똑하게 전환한다

대화의 방향이 잘못 흘러가는 경우에는 적절한 타이밍에 살짝 화제를 바꾸는 것이 좋다. 일반적인 대화를 할 때는 이야기의 전개나 상대방의 반응에 따라 다른 관점이나 논점으로 이야기를 자연스럽게 옮기는 것이 가능하다. 하지만 업무 대화나 회의를 할 때는 화제를 전환하는 데 어려움이 있다. 언제든 필요할 때 가볍게 적용할 수 있는 표현들을 평소에 연습해두자.

졸업한 제자들과 함께 점심을 먹었을 때의 일이다. 나는 그날 참석한 제자들 모두와 사이가 좋아서 "오랜만이네! 잘 지냈어? 아, ○○야, 최근에는 어떻게 지내니?" 하고 편하게 이야기하며 금세 화기애애한 분위기가 되었다. 동기끼리 결혼한 부부가 "아기도 태어났어요."라고 하기에 "그렇구나, 잘됐네!" 하며 축하했다. 그러자 제자 중 한 명이 가볍게 "다른 사람은 모두 솔로예요." 하고 웃으며 말했다. 나도 모르게 "아 그래? 아직 솔로라니 좋은 사람이 없어?" 하고 물었다. 듣기에 따라서는 다소 거북하게 여길 수 있는 발언이었다. 그러자 곧장 다른 제자가 이렇게 도와주었다.

"선생님, 다들 더 할 이야기가 없을 것 같으니 이 주제는 그만 넘어갈까요?"

얼마나 적절한 타이밍이었는지 모른다. 내 말을 듣고 분위기가 어색해지기 전에 다들 할 이야기가 없으니 넘어가자고 하는 센스와 배려에 감탄하지 않을 수 없었다.

버라이어티 프로그램에서도 "그 이야기를 더 해서 뭐해?"라는 말이 종종 등장한다. 더 이야기할 가치가 있는 화제와 없는 화제를 구별하는 것. 그리고 발전성이 없는 화제는 넘기거나 적당히 마무리하고 다음 이야기로 넘어가는 것이다. 이런 표현을 연습해두면 불필요한 대화에 휘말리는 일이 확연히 줄어든다.

> ✕ 이야기가 **더는 진전이 없어서요.**

> ◎ 다들 **더 할 이야기가 없어서요.**

화제를 전환할 때를 구별하는 법

조금만 노력하면 이야기가 좋은 방향으로 무르익어 멋진 결론이 나기도 한다. 그러니 화제를 전환할 때는 이야기가 점점 익어가고 있는지, 그저 막다른 골목에 다다랐는지를 판별할 수 있어야 한다.

이야기가 대강 하나로 집중되거나 클라이맥스에 도달한 상황을 '이야기가 무르익었다'고 표현한다. 이런 경우에는 화제를 바꾸지 말고 결론까지 끌고 가야 한다. "완벽하지는 않아도 일단 결정해보자."며 이야기를 추진해야 한다. 그러지 않으면 시간만 낭비할 가능성이 있다.

반면에 '결론을 낼 단계가 아니다', '더 이상의 이야기는 불필요하다', '자칫하면 대립구도만 형성되겠다' 싶은 상황이라면 이야기는 막다른 골목에 다다랐다고 보면 된다. 그때는 새로운 화제를 말하는 것이 좋다. 그러면 거기서 희망을 찾을 수도 있다.

이때 화제 전환은 가볍게 하는 것이 좋다. 술자리에서 "우리 분위기 좀 바꿔볼까?" 하고 다른 가게를 찾는 일이 있지 않은가. 그런 정도의 전환이 좋다. 회의를 할 때 한 가지 안건에 대해 삼십 분, 한 시간씩 쓰는 것은 아깝다. 5~10분 정도 이야기해보고 별다른 소득이 없다 싶으면 다음 안건으로 넘어가는 것이 현명하다. 다른 안건을 전부 처리한 후에 결론을 내지 못한 안건으로 되돌아오면 효율이 향상된다. 회의 참석자들도 차분하게 더 좋은 의견을 낼 수 있을 것이다.

그런데 이야기가 한창 무르익고 있는데 막다른 골목에 다다랐다고 착각하고 다음 안건으로 넘어가자고 해버리면 다른 주제의 이야기도 잘 풀리지 않을 가능성이 높다. 머리도 마음도 문제에서 떠나버리니 '또 이야기해야 해? 슬슬 지겹군'이라고 느끼기 때문이다.

△ 벌써 **30분 동안** 이야기했으니 다른 안건으로 넘어가지요.

◎ 이제 **충분히** 이야기했으니 일단 다른 안건으로 넘어가지요.

예상외의 일을
예상할 수 있는 일로 바꾸는 법

이야기에 진전이 보이지 않는 상황은 어떻게 타개하면 좋을까? 이야기가 막다른 골목으로 치닫는 원인 중 하나는 정보 부족 때문이다. 정보가 없거나 적은 상태로 대화에 참여하면 빈손으로 와서 실효성이 없는 뜬구름 잡는 이야기만 늘어놓다가 가게 된다.

그럴 바에야 '이렇게 아무 준비도 없이 모이는 건 시기상조'라며 깔끔하게 인정하자. 그리고 "우선 정보를 수집한 후에 그걸 바탕으로 각자 아이디어를 내자."고 제안한다. 사흘 후에 보기로 하는 등 날짜를 정한 후 5분 만에 해산하는 것이 합리적이다. 그런 식으로 모두가 정보를 모은 후에 짜낸 아이디어를 메일로 공유해두면 다음에 만났을 때는 훨씬 알찬 대화가 가능하다.

이야기가 막히는 또 다른 원인은 예상외의 상황이 제대로 정리되지 않은 경우다. 이 경우 다음을 기약하고 해산해도 이야기는 진전되지 않는다. 정리가 되지 않았으니 당연하다. 억지로 결론을 내도 제대로 실행될 리 없다. 실행이란 예상한 범주에서만 제대로 이루어지는 법이다.

예상외의 돌발상황이 벌어지면 결국 이야기가 처음으로 되돌아갈 우려가 있다. 그러니 그 자리에서 예상외의 일을 예상 범위 내의 일로 바꾸어야 한다.

예상외의 상황은 대개 세 가지로 정리되는 경우가 많다. 그러니 'A 상황에서는 이렇게 한다. B 상황에서는 이렇게, C 상황에서는 이렇게 한다'는 대응책을 준비해둘 수 있다. 이것이 예상외의 일을 예상 범위 내의 일로 바꾸는 것이다.

애당초 A 상황에만 사로잡혀 B, C 상황에 대한 준비가 막연했기 때문에 이야기가 막히는 것이다. B, C에 대해 어떻게 할지 정하면 논점이 어긋나거나 대립되는 상황을 줄일 수 있다.

이런 식으로 예상외의 일을 제거하면 팀워크도 좋아진다. '이런 트러블이 있을 때는 이렇게 한다', '이런 클레임에는 이렇게 대처한다'고 정해져 있으므로 어째서 대응을 제대로 못했냐면서 당사자를 탓할 일도 줄어든다.

개인을 탓하지 않고 해결하는 '시스템 싱킹'

'시스템 싱킹'system thinking도 불필요하게 개인을 탓하는 상황을 없앨 수 있는 방법이다. 예를 들어 어떤 직원이 실수를 했을 때 개인이 아니라 실수가 발생하는 시스템 전체를 수정하려는 사고방식이 바로 시스템 싱킹이다.

세상은 점점 더 복잡해지고 있으니 한 개인이나 한 가지 요소로 생각해서는 실수에 대응하기 힘들다. '그 사람이 부주의한 탓'이라며 개인의 책임으로 돌려봐야 재발을 막기란 쉽지 않다.

실수나 발생한 문제를 계기로 '부주의한 사람이라도 실수하지 않는 시스템', '실수를 해도 미리 발견할 수 있는 시스템'을 생각하는 편이 생산적이다. '당신이 부주의해서 그래', '그러는 당신이야말로 제대로 지시했어야지'라는 개인 대 개인의 대립 구도도 사라진다.

개인이 책임을 지지 않는 '시스템 개선'이라는 형태로 문제의 장벽을 돌파하는 것이 좋다. 당신을 탓하는 것이 아니라 시스템을 개선하자는 이야기라며 방향을 제시하는 것이다. 시스템이라는 말은 상대에게 상처를 주지 않는다는 의미에서도 매우 편리하다.

> ✕ 개개인의 **의식**이 부족하다.

> ◎ **시스템**을 개혁하면 해결할 수 있다.

시스템 싱킹 사고법은 시스템 과학자 피터 센게Peter Senge가 쓴 《학습하는 조직》을 통해 널리 알려졌다. 사회나 조직, 생태계 등의 거대한 시스템은 매우 복잡하게 연결되어 움직인다. A가 B에게 영향을 주고, 그 결과 C가 D를 낳고, D가 또 A에게 영향을 주는 식이다.

시야를 넓히고 전체적인 연결을 파악하여 본질적이고 근원적인 문제해결을 목표로 하는 것. 그것이 시스템 싱킹의 개념이다. 그 원류에는 천재 수학자 노버트 위너Norbert Wiener가 제창한 '사이버네틱스cybernetics 이론'이 자리하고 있다.

위너는 사이버네틱스의 중심에 '피드백'을 놓았다. 피드백을 생각할 때 우리는 곧잘 요소를 화살표로 묶는다. 마찬가지로 시스템 싱킹을 진행할 때도 요소를 화살표로 묶는 것이 효과적이다. 그러면 하나의 요소가 아닌 전체적 연결을 한눈에 볼 수 있다. 화살표로 묶어 도식화하는 것도 사실은 시스템 싱킹의 일부다.

예를 들어 공장에서 문제가 발생했다고 해보자. 원인을 현장 담당자에게서만 찾으면 삭막한 직장이 되어버린다. 당사자가 의욕을 잃는 것은 물론이고 주위 사람들도 '일을 하다 보면 실수는 생기기 마련인데 나도 언제 실수를 저지를지 몰라' 하고 걱정하기 때문이다.

그러니 시스템 싱킹을 하는 것이 좋다. '실수를 방지하는 시스템이 없었기 때문', '실수는 발생할 수 있는 것이다. 어떤 시스템을 만들면 실수를 예방할 수 있을지 생각하자'며 사고방식을 바꾸고 아이디어를 내서 개선하면 된다. 그러면 문제가 개인이 아닌 시스템에 있다는 것이 분명해져 인간관계를 손상시키지 않고 원활하게 대화를 진행할 수 있다.

논의는 최대한 간결하게 마무리한다

회의를 하다보면 종종 끝까지 논의해보자고 하는 사람이 있다. 하지만 그것은 일종의 환상이다. 회의에서 중요한 것은 논의를 빠르게 마무리하고 회의의 목적인 결정을 내리는 것이다. 따라서 지금 있는 것들로 정할 수 있는 안건은 그 자리에서 결정하자. 회의를 연 시점에서 최선을 다하면 될 일이다.

나는 회의석상에서 사회를 맡는 일이 잦은데, 내가 사회를 맡으면 결정이 빨리 진행된다는 이야기를 듣곤 한다. 평소 축구를 즐기는데 최전방에서 공격에 대비하는 포워드만 맡아서 인지 언제나 골대를 목표로 한다. 골대가 눈에 들어오면 슛을 날리는 습관이 몸에 배어 있다.

회의를 할 때도 마찬가지다. 골을 향한 최단거리로 질주한다. "이 내용을 모르면 결정을 못합니다. 우선 마케팅부터 해야 하겠지요." 하고 에두른 발언이 나오면 안타깝다. 공만 돌리고 있으면 뭐하나, 이 회의의 목적은 무엇이란 말인가 싶은 생각이 든다. 그래서 나는 "지금은 이것만 결정하면 돼. 그럼 이걸로 결정하자."며 설령 잠정적이라도 슛을 날려보려고 한다.

예를 들어 '지속이냐 폐지냐'를 놓고 양자택일을 해야 한다면 나는 본심이 어떤지 한 사람씩 물어본다. 그러면 "나는 폐지 쪽이네.", "나도.", "실은 나도 그래."라는 대답이 많다. 다들 지속할 의사가 없다는 사실을 확인하면 "그럼 폐지하는 쪽으로 할까요?", "좋습니다."로 결정이 난다. 끝까지 논의하자고 하던 사람도 논의할 필요가 없었다며 웃는다.

"우선 의견을 말씀해주세요." 하고 시작하는 것도 나쁘지 않다. 하지만 결정할 안건에 대한 진짜 의사는 어떤지 직접적으로 물어보는 편이 더 낫다.

압도적인 다수결이 아닌 경우에는 '일단'이라는 조건을 단다.

"일단 올해는 중지하고 문제가 있으면 내년에 부활시키도록 합시다."

이런 식이다. 하지만 이런 경우 실제로 부활한 예는 거의 없다.

의견이 크게 나뉜 경우라도 "일단 1년만 쉬어봅시다. 1년 후에 다시 이야기하기로 하고." 하며 결정하면 된다. 1년 후에 논의하면 대개 폐지 상태를 유지하자는 결론이 난다.

이런 방법으로 여러 가지 불필요한 것들을 없애왔지만 문제가 생긴 적은 한 번도 없다. 핵심은 논의에 너무 집착하지 않는 것이다. 논의가 길어지면 "폐지하면 이런 점에서 안 좋지 않나?", "나는 폐지하자는 쪽이었는데 듣고 보니 정보가 더 필요하겠어."라는 식으로 흘러 결론을 내지 못하게 된다.

결국 조직에는 불필요한 요소가 점점 쌓인다. '겨우 이걸 하자고 이 많은 수순이 필요하나?' 싶은 낭비 요소가 아이디어와 혁신을 방해하는 일이 벌어진다. 그런 사태를 막기 위해서라도 나는 일단 골대가 보이면 공을 차서 회의를 마무리한다.

감정이 드러나는 말에 주의한다

침착하게 이야기를 진행하려면 객관적인 언어를 고르는 것이 중요하다. 그러려면 감정을 드러내는 것으로 보여질 수 있는 말에 주의하자. 예를 들면 '애당초', '원래가 말이야' 등이다.

이런 말을 들으면 상대방은 '또 설교 모드에 돌입했군' 하고 마음을 닫는다. 자신의 의견을 구구절절하게 늘어놓을 것 같은 말이기 때문이다.

'○○답지 않다'는 것은 비난을 암시하는 말투다. '너답지 않다'는 말은 언뜻 상대를 인정하는 것 같지만 눈가림일 뿐이다.

내면에는 '네 주제를 잘 알아야지!'라는 감정이 담겨 있다.

'○○를 위해서 하는 말'이라는 친절한 표현은 실상은 강요다. 마치 상대방을 위한 것처럼 꾸미지만 실은 자신에게 이익이 되는 일을 강요하는 경우에 흔히 쓰이는 말이기 때문이다. 계속 말해봐야 상대방의 마음을 움직이지 못한다. 옛날부터 위한답시고 하는 말은 경계 대상이었기 때문이다.

감정적이라는 느낌을 주지 않으려면 말에 말을 더하기보다는 객관적인 데이터를 제시하는 것이 효과적이다.

> ✕ 자네를 위해서 하는 말이야.

> ◎ 이 **데이터**를 보면 알 수 있는데….

꼭 말로 하지 않아도 태도로 관계의 우위를 보여주는 유형도 있다. 상사가 복사 업무만 시키거나 업무 평가에서 좋은 점수를 주지 않는 등의 행위 말이다. 하지만 세상에는 늘 지켜보는 눈이 있다. 공정하지 않은 사람, 몰래 횡포를 부리는 사람은 자연스럽게 주위에서 사람이 멀어지고 결국은 어느 지점에서 그 사람 스스로 멈추게 된다. 어느 정도는 승진해도 그 이상의 자리에는 오르지 못한다.

실제로 회사의 회장, 사장에게 리더의 조건을 물어보면 '공명정대할 것', '매사를 객관적으로 볼 것'을 강조한다. 즉 공정함이 제일이라는 의견이 많다.

분노의 6초를 참으면 말이 부드러워진다

감정을 그대로 드러내지 않으려면 호흡이 중요하다. 크게 화난 상태가 지속되는 것은 6초 동안이라고 한다. 이때만 잘 버티면 화는 6초 만에 거의 가라앉는다. 그러니 격노하더라도 우선은 의식적으로 호흡을 정비하자.

코로 숨을 들이마시고 "음, 그렇군."이라고 말하며 훅 가볍게 내뱉는다. 날숨에 맞춰 머릿속에서 '하나, 둘, 셋, 넷, 다섯, 여섯'을 세며 어떻게 말할 것인지 천천히 생각하면 된다. 그리고 느긋하게 말한다. 이렇게 하면 감정에 휩쓸리지 않는다.

냉정함은 호흡으로 조절할 수 있다. 핵심은 들숨보다 날숨을 의식하는 것이다. 좌선이나 요가에서도 날숨을 중시한다. 감정이 격해지면 '후우' 하고 숨을 내뱉어보자. 그러면 의외로 차분해진다. 그렇게 '분노의 6초'를 뛰어넘으면 이후에는 이성적으로 행동할 수 있다.

같은 말을 할 때도 호흡이 달라지면 언어표현이 바뀌고 상대방도 달리 받아들이게 된다. 호흡이 원만하면 말도 부드럽게 나온다. 호흡이 거칠어지면 말도 거칠어지고 상대에게 내뱉는 듯한 느낌을 준다.

요즘에 비하면 과거에는 난폭한 표현이 별다른 지적을 받지 않고 통했던 시대라고 할 수 있다. 날것의 감정을 드러내는 말이 매력적으로 들렸던 경우도 많았다. 하지만 지금은 그렇지 않다.

숨을 천천히 쉬면서 온화한 말로 차분하게 자신의 생각을 전달하기를 원하는 시대다. 말을 부드럽게 할 때의 핵심은 정확함이나 유창함보다는 숨을 유연하게 내뱉는 일이다.

비교는 공정하고
종합적으로 한다

칭찬할 때는 다른 사람과 비교하지 않아야 한다. 꼭 비교해야 할 경우에는 신중해야 한다.

'일본과 OECD(경제협력개발기구) 회원국의 생산성을 비교하면' 등의 객관적인 비교라면 문제될 것 없다. 하지만 사람을 평가할 때 갑자기 굉장한 인물을 거론하면서 "○○처럼 좀 더 노력해야지."라고 말하는 것은 공정하지 않다.

앞에서도 펠레와 메시를 비교하는 식의 조건을 무시한 비교는 하면 안 된다고 말했다. 마찬가지로 축구선수를 평가할 때 펠레나 메시에 비하면 아직 부족하다고 해봐야 무의미하다. 'A팀의 같은 포워드인 B선수에 비하면' 하고 공정한 비교를 했을 때 비로소 장점을 본받게 하거나 의욕을 향상시킬 수 있다.

자기 회사의 상사나 경영진을 일본 자본주의의 아버지 시부사와 에이이치渋沢 栄一와 비교하며 부족하다고 매도하는 것 역시 의미가 없다.

시부사와 에이이치도 자신의 저서 《논어와 주판》에서 위인과 비교하지 말라고 썼다.

"과거의 위대한 청년과 지금의 보통 청년을 비교하며 '그래서 요즘 젊은이들은 안 된다.'라고 말하는 사람이 있는데 이는 이상한 일이다. 과거에도 훌륭하지 못한 사람은 많았다. 그런 사람들과 비교하지 않고 역사에 이름을 남긴 위인과 비교하는 것은 바람직하지 않다."

역사에 이름을 남긴 위인들은 당시 청년들의 평균치가 아니다. 현대의 보통 청년과 비교할 대상으로 적절하지 않다. 그런 대단한 인물과 비교하고 아직 부족하다고 한다면 '그저 나를 깎아내리고 싶은 거로군' 하고 상대의 마음은 멀어질 것이다.

과거를 미화하고 그에 비하면 요즘은 별로라며 부정적인 평가를 하는 것도 공정하지 않다. 왜냐하면 총체적인 비교가 아니기 때문이다.

예를 들어 '80년대에는 인정이 있었다'고 한다면 그것은 한 가지 면일 뿐이다. 당시는 사람들의 관계가 농밀했던 만큼 성가신 일도 많았다. 회사의 인간관계 역시 사택, 회식, 사원여행 등 끝이 없었다.

가정에서도 시부모님이 함께 살며 전업주부인 며느리에게 잔소리를 늘어놓는 경우가 예사였다. 지금이 훨씬 개인생활을 충실히 즐길 수 있고 부모와의 동거도 적으니 더 낫다고 생각하는 사람이 많을 것이다.

좋은 면과 그렇지 않은 면을 총체적으로 파악했을 때 지금과 비교할 수 있다.

상대가 "옛날에는 말이야." 하고 옛날이야기를 하려고 하면 "옛날에 화장실은 깨끗했나요?" 하고 한마디 해주는 것이 좋다. 그러면 지저분하기 그지없던 당시의 공중변소와 지금의 공중화장실은 차원이 다르다는 것을 깨달을 것이다. 상대방은 시대가 달라졌다는 것을 깨닫고 "그치? 당연히 옛날보다 지금이 낫지."라며 말을 바꿀지도 모른다.

내실 있는 이야기는 그렇게 시작된다.

> ✕ **옛날**에는 좋았어.

> ◎ **요즘**은 이렇지.

제6장

품격 있는 한마디로 관계 내공이 드러난다

언제 어디서나 존재감을 높이는 어른의 말하기

공통 화제로
상대방의 흥미를 끌어낸다

대화를 할 때 분위기를 주도하는 세 가지 요소는 잡담과 리액션, 이야기의 분량을 적절히 나누는 것이다. 이 요소들은 각각 따로 쓰이지 않고 함께 어우러져 분위기를 자유자재로 바꾸어 좋은 대화를 만드는 도구가 된다.

우선 잡담에 대해 살펴보자. 잡담은 말의 취향이다. 상대방이 어떤 이야기에 흥미를 갖는지 살펴가며 말하는 것이 가장 좋다. 상대방이 무엇에 관심이 있는지 빠르게 관찰하자.

가령 상대방이 간사이 지역 출신이라면 "한신 타이거즈 팬

이시겠네요."라며 이야기를 시작한다. 맞다면 이야기가 계속될 것이고 설령 틀리더라도 "사실 저는 뉴욕 양키스 팬입니다."라며 새로운 정보를 줄지도 모른다.

실은 상대방이 어느 팀의 팬이든 상관없다. 내가 격투기 팬이어도 아무런 문제가 되지 않는다. 상대방이 흥미를 가질 만한 화제를 던지고 이야기를 듣는 데 의미가 있다. 듣다 보면 자신이 몰랐던 다양한 이야기가 펼쳐진다. 자연스레 관심도 생기고 "저는 금시초문입니다.", "과연 그렇군요." 하고 긍정적인 리액션도 나올 것이다. 즉 좋은 분위기가 형성되는 것이다. 인간관계는 그렇게 시작된다.

2019년 여름, 일본에서 방영된 〈루팡의 딸〉ルパンの娘이라는 드라마에 이런 이야기가 나온다. 서로 사랑하는 젊은 남녀의 부모들이 사이가 굉장히 좋지 않았다. 마치 셰익스피어의 《로미오와 줄리엣》 같은 비극이다. 그런데 젊은 남녀 사이를 반대했던 부모가 어느 순간부터 의기투합한다. 두 부모 사이에 어떤 일이 있었던걸까?

같은 지역에서 특정 연도에 함께 야구 시합을 한 적이 있다는 사실을 알았기 때문이다. 야구 좋아하는 사람치고 나쁜 사람은 없다는 것이다.

자신이 좋아하는 것을 즐기는 사람은 좋은 사람이라고 여기는 심리는 상당히 강하다. 너무도 사랑했던 반려견 이야기를 하다 보면 어느 정도는 인간관계가 형성된다. 개를 좋아하는 사람은 애견가를 나쁘게 보지 않기 때문이다.

이는 논리적으로 꼭 옳다고는 볼 수 없다. 하지만 인간의 심리에 강하게 박혀 있어서 거스르기 힘들다.

낚시 애호가는 낚시만으로도 오랫동안 이야기를 나눌 수 있다. 와인 애호가 역시 와인에 관한 어떤 이야기로도 잡담이 가능하다. 공통의 화제는 최강의 잡담거리다.

그런 공통 화제를 "반려동물 키우세요?"라는 한마디로 끌어낼 수 있다. 가령 상대방은 동물을 키우지 않더라도 "저는 동물보다 철도에 빠져 있는 철도 마니아입니다." 하고 자신의 관심사를 알려주기도 한다.

"저는 ○○을 좋아해요."라면서 계속 자기 이야기만 하기보다는 "혹시 ○○ 좋아하세요?" 하고 이야기를 상대에게 넘기는 것이 중요하다. 상대방에게 가볍고 빠르게 질문하는 것은 잡담을 시작하는 가장 좋은 열쇠다.

공통 화제를 찾는 것과 마찬가지로 잡담을 할 때는 '시사적인 화제'도 강력하다. 최근에 일어난 사건이나 이슈를 얘기하며 "요즘 진짜 큰일이에요. 뉴스에서도 난리던데요." 하고 무리가 되지 않는 선에서 잡담을 시작할 수 있다.

  질문을 해봐도 딱히 대답이 나오지 않을 때도 있다. 자신에 대한 이야기를 하기 꺼리거나 '잡담 체력'이 안 되는 사람도 있다. 이럴 때 시사적 화제를 이용하면 몇 마디는 나눌 수 있을 것이다.

잡담 체력이 없는 사람을 구분하는 법

때와 장소, 상대를 가리지 않고 쓸 수 있는 화젯거리는 당연히 날씨다.

"정말 덥네요."

"오늘 꽤 쌀쌀하네요."

이렇게 가볍게 잡담을 시작해보자. "혹시 추위나 더위를 이길 수 있는 건강법 알고 계시나요?"라거나 "이쪽 업계는 날씨에 영향을 많이 받아요." 하고 한마디 덧붙이는 것이 핵심이다. 상대가 반응하면 자연스럽게 잡담이 시작된다. 반응이 없으면 그대로 이야기를 끝내면 그만이다.

그렇지만 이런 화제의 대부분은 금세 옛날이야기가 되어버리기도 한다. 연예계, 스포츠, 사건 사고 등은 두 달 전에는 이슈였지만 지금은 머릿속에서 잊힌 경우도 많다. 그러므로 시의성 있는 주제들을 기억해두었다가 잘 활용하길 바란다.

〈당신은 무엇을 하러 일본에 왔습니까?〉Youはなにしに日本へ라는 텔레비전 프로그램에 우라와 레즈 축구팀의 팬이라는 독일인이 나온 적이 있다. 일본어는 유창하지 않았다. 성격도 내성적이었다. 일본에서 생활하는 게 가능할까 싶었는데 보란 듯이 일본에 잘 적응하고 있었다.

왜냐하면 우라와 레즈의 팬이기 때문이다. 그의 주위에 팬 공동체가 형성되었다. 잡담의 화제는 전부 우라와 레즈와 오늘의 축구 경기에 관한 것이므로 부족한 일본어 실력으로도 충분히 분위기를 맞출 수 있었다. 같은 축구팀의 팬이라는 공통점과 오늘의 경기라는 화제가 조합을 이루어 언어의 장벽마저 뛰어넘은 것이다.

주의해야 할 것은 앞서 말한 '잡담 체력'이 없는 사람이 존재한다는 사실이다. 잡담을 귀찮아 하는 유형이다. 이런 사람은 잡담을 하는 것만으로도 지친다는 분위기를 풍기므로 의외로 쉽게 찾아낼 수 있다.

　이들은 모임에 참석해서도 줄곧 스마트폰만 본다. 말을 걸어도 "아, 고맙습니다." 정도의 대답밖에 들을 수 없다. 본인은 잡담을 나누고 싶지 않으니 내버려두라는 분위기를 강력하게 내뿜는다. 그런 유형에게는 길게 말을 걸지 않는 것이 좋다. 그래야 인간관계가 잘 유지된다.

　잡담 체력이 없는 사람은 대부분 성격이 급하다. 잡담보다는 실질적인 이야기를 선호한다. 그래서 일자리에서 만나면 "갑작스럽기는 하지만 오늘은 이런 건으로 이야기를 하고 싶습니다."라며 바로 본론을 꺼내는 편이 좋다. 사무적으로 이야기하고 빨리 끝내자. 굳이 잡담을 하거나 분위기를 만들 필요가 없는 시간 단축형 인간이라고 보면 된다.

　잡담 분위기를 만드는 것은 누구에게나 효과적인 방법은 아니다. 상대의 잡담 체력을 가늠해보고 단도직입적으로 이야기할지, 짧은 잡담으로 시작할지, 꽤 긴 잡담을 할지 잘 판단하자.

　일상적으로는 30초 정도의 잡담으로 분위기를 풀어주는 연습을 해두면 좋다. 잡담이 능숙해지면 상대방의 유형에 따라 자유자재로 잡담을 할 수 있게 될 것이다.

좋지 않은 분위기로부터 멀어지는 타이밍

상대방의 나쁜 기운을 덮어쓰는 사람이 있다. 종교적인 뜻이 아니라 이야기의 흐름이나 심리 상태 등에 크게 영향을 받는다는 면에서 그렇다는 것이다.

매우 긍정적인 사람은 나쁜 기운 따위는 전혀 느끼지 않는다. 하지만 보통은 안 좋은 기운을 가진 사람을 직감적으로 알 수 있다. 그런 사람의 영향은 받지 않도록 대처하는 것이 좋다.

일대일로 이야기하는 와중에 '이 사람과 더 이야기하면 힘들어지겠어'라는 생각이 든다면 그 자리를 벗어나는 것이 중요하다. "아, 다른 일이 있는데 너무 오래 이야기를 하고 있었네요." 라며 이야기를 끝내고 스스로를 보호하자. 파티나 모임 등에서 '뭔가 분위기가 안 좋아지는데' 싶을 때도 마찬가지다. 잠시 화장실에 다녀오겠다며 일단 자리를 뜨자. 이런 경우에는 되도록 빨리 귀가하는 것이 좋다.

 회식을 할 때도 험악한 분위기가 형성되면 빨리 일어서야 한다. '군자는 위험한 곳에 가까이 가지 않는다'는 말은 매우 중요한 인생 교훈이다. 분위기가 감정적이거나 대립적, 비생산적으로 흘러가 자신도 말려들 것 같다면 일단 벗어나야 한다. 상황에 잡아먹히지 않도록 말이다.

> ✗ **동감입니다.** 저도 A에게 거부감이 들어요.

> ◎ A 말인가요? 아, 저는 지금 **다른 일이 생겨서 가봐야겠네요.**

 나쁜 느낌을 주는 사람과는 거리를 두자. 깊은 이야기를 나눌 필요도 없다.

낯선 모임에선 분위기 메이커를 먼저 찾아라

나쁜 기운을 풍기는 사람이 있는 반면에 좋은 기운을 북돋우는 분위기 메이커도 있다. 가령 아는 사람이 아무도 없는 파티에 참석했다고 해보자. 고립되기 쉬운 상황을 타개하려면 분위기 메이커를 찾아야 한다. 위험해 보이거나 재미가 없을 것 같은 사람, 마음씨 좋아 보이는 사람은 본능적으로 알아볼 수 있다. 일단 누구에게나 호의적인 사람, 인상이 좋은 사람 곁으로 가서 말을 걸어보자.

긍정적인 인사를 주고받았다면 이제부터는 걱정하지 않아

도 된다. 그런 사람은 사람을 가리지 않는다. 대개는 잡담 능력도 뛰어나다. "초밥이 인기가 많아서 금방 없어지네요." 하고 이야기꽃을 피울 것이다. 그러면 분위기가 금세 부드러워지고 파티가 즐겁게 느껴진다.

마음씨 좋은 사람에게 이야기의 화제는 무엇이든 괜찮으니 말하기 편하다. 고심하지 않아도 "어디서 오셨어요?", "건배사가 좀 길었지요." 하고 말을 걸면 그 자리에서 인간관계를 구축할 수 있다. 이를 계기로 상대방이 아는 사람과도 인사를 나누고 인간관계의 폭이 넓어지기도 한다.

편안한 분위기에서는 "처음 뵙겠습니다. 저는 ○○○라고 합니다. 여기 명함이에요. 갑자기 말을 걸어서 죄송합니다."라는 식의 딱딱한 이야기는 하지 않는 편이 좋다. 다시 분위기가 풀어지는 데 시간만 걸릴 뿐이다.

나는 편한 모임이나 파티에 함께 가는 사람들에게 그 자리에서 어떤 사람들과 이야기하고 싶은지, 누구와 친해지고 싶은지 물어보기도 한다. 그러면 하나같이 고르는 유형이 비슷하다. 잘 웃고 친절해 보이는 사람, 상냥해 보이는 사람, 부담 없이 이야기할 수 있는 사람을 찾는다. 그 말을 들으면서 '파티에서 누군가 내게 말을 걸기 쉬운 경쾌함과 분위기란 어떤 것일까?' 하고 생각해본다.

예를 들면 주위 사람들이 나이부터 성별, 분위기까지 정말 제각각이어서 '이 자리에 어떻게 섞이지?' 싶을 때도 있다. 혹은 남성의 경우에 주위에 여성들만 가득해서 위축될 때도 있다. 그럴 때는 '남 일에도 발 벗고 나설 만한 중년'을 찾으면 실패할 확률이 적다.

젊은 이성에게 말을 걸면 자칫 오해를 받거나 곤란해질 수도 있지만 호의적인 중년에게 말을 거는 것은 비교적 안전하다. "여기서 뭐가 조심해야 할 건 없나요?" 하고 물어보면 사심 없이 친절하게 알려줄 것이다. 그 후에는 일일이 묻지 않아도 도움이 되는 정보를 제공해준다. 그 사람을 기지로 삼아 분위기에 익숙해지면 된다.

이런 유형의 사람이 여러 명이면 남을 잘 도와줄 듯한, 품격 있고, 꾸밈없는 사람을 고르면 틀림없다. 이런 사람을 찾을 수 없다면 능력이 좋아 보이는 사람을 고르는 것이 차선책이다. 잡담을 즐겁게 나눌 수 없을지도 모르지만 곤란한 일도 생기지 않을 것이다.

리액션에도
효과적인 원칙이 있다

리액션도 분위기를 만드는 커다란 요소다. 리액션이 오고가지 않으면 대화는 금방 가라앉는다. 상대방의 이야기를 받아주지 않고 그냥 듣고만 있으면 상대는 '이 무반응은 대체 뭐지?' 하고 이야기할 마음이 사라질 것이다.

리액션은 기본적으로 키워드의 반복과 웃음이 핵심이다. 키워드는 상대방이 자주 사용하는 말이나 '이것이 포인트구나' 싶은 느낌을 주는 단어를 뜻한다. 대화를 할 때는 무수한 말들이 오간다. 거기서 키워드를 뽑아내고 그 말을 반복하는 형태의 리액션을 하면 된다. 당신의 이야기를 잘 듣고 있다, 당신의 마음에 공감하고 있다는 메시지를 전달하는 것이다.

가령 "가치관이 달라.", "가치관만 생각하면", "동조할 수 없는 가치관이야."라는 말을 하는 사람은 '가치관'이 키워드다. 그러니 "맞아요. 가치관이죠.", "과연 가치관을 중요하게 생각하시는군요." 하고 반응하면 호감을 얻는다.

자신이 이야기할 때도 상대방의 키워드를 사용하면 금방 신뢰를 쌓을 수 있다. "보통 가치관까지는 생각을 못 하지요.", "가치관이 판단 기준이군요."라는 식으로 말이다. 그저 '과연', '맞아요'라는 말만으로는 이야기를 제대로 듣고 있다는 느낌을 주지 못한다. 상대가 자주 사용하는 키워드를 활용해 반응하는 것이 중요하다.

'그렇군요. 다르네요', '생각해보니 그렇군요', '아, 동조하지 못 하시는구나'라는 식으로 상대가 한 말의 뒷부분만을 되풀이한다면 역시나 살짝 부족한 느낌이다. '내 말을 전혀 알아듣지 못하는 것 아닌가?' 하고 여길지도 모른다. 그러니 상대방의 말을 앵무새처럼 따라하지 않아야 한다.

'5퍼센트'라는 숫자가 등장했을 때 이것이 핵심이라고 직감한 경우에도 그렇다. "5퍼센트요? 낮네요." 하고 말을 덧붙여 반응한다. 상대방은 "그렇죠? 5퍼센트는 너무하지요."라며 금세 동조한다. 키워드에 '그건 곤란하겠다', '힘들겠다', '어렵지 않을까' 등의 말을 덧붙이기만 해도 이야기를 잘 듣고 있다는 느낌을 준다.

✕ 그랬군요.

△ 그랬군요. 거절당했군요.

◎ 그랬군요. 거절을 당해 곤란했겠어요.

　지위가 높은 사람이나 경험이 많은 사람은 대개 이야기하기를 좋아한다. 그런 상대와 이야기를 할 때는 키워드를 고르기도 쉽다. 키워드에 말을 덧붙여 반복하는 리액션이 대화의 분위기를 무르익게 한다.

웃음은 가장 탁월한 리액션이다

상대의 이야기에 잘 웃어주는 것도 좋은 리액션이다. 웃음은 분위기를 경쾌하고 부드럽게 만든다. 예를 들면 적절한 타이밍에 폭소를 터뜨리는 것이다. 몇 명이 이야기를 나눌 때는 그것만으로도 분위기가 확연히 달라지기도 한다.

언젠가 한 학기가 시작되었을 때였다. 강의시간에 학생들에게 이런 이야기를 했다.

"교육개혁에서 사고력, 판단력, 표현력을 키우는 것이 주안점이에요. 그런데 어떤가요? 사고는 늘 하는 것이고 판단도 표현도 항상 하고 있지 않나요. 물론 사고력, 판단력, 표현력이 없는 것보다 있는 것이 낫지요. 하지만 늘 하고 있는 일을 전부 열거하다니 막연하다는 생각이 들지 않나요? 그래서 어쩌라고? 마치 세계 평화 운운하는 것 같지 않나요?"

'세계 평화'라는 단어가 나오자 한 학생이 폭소를 터뜨렸다. 순간 다른 학생들도 '농담이었구나' 하고 다 같이 웃었다. 학기 초였기 때문에 학생들은 진지한 얼굴로 계속해서 농담을 하는 교수가 익숙하지 않았던 것이다. 그러다가 한 학생의 폭소로 웃어도 된다는 것을 알아차렸다.

농담이 편하게 전달되자 커뮤니케이션이 훨씬 원활해졌다. 한 학생의 웃음이 그런 상황을 만들어준 것이다. 스타트를 끊어주는 웃음은 이토록 중요하다. 회의를 할 때도 '웃어도 될까?' 하고 다들 눈치만 보다가 웃을 타이밍을 놓치는 일이 자주 있다. 농담이 제대로 먹히지 않으면 화자는 낙담하고 다음에 하려던 농담은 자제하게 될지도 모른다.

고전에는 중요한 전투에서 승리한 영웅들의 이야기가 자주 등장한다. 먼저 실행하는 것은 그만큼 가치가 있다. 상황을 살피기만 하지 말고 재미있게 들었으면 용기를 내어 웃자. 그런 용기를 가진 사람이 퍼실리테이터_{facilitator}가 될 수 있다.

때로는
침묵이 답이다

 이야기를 나눌 때 즐거운 상대가 꼭 달변가라는 법은 없다. 오히려 이야기를 잘 패스하는 사람이 더 많다. 상대방이 이야기하기 쉽도록 화제를 전환하는 것이다. 상대방이 말할 마음이 생기도록 물꼬를 트는 것이라고도 할 수 있다. 그것은 리액션의 범위를 넘어서 퍼실리테이터의 영역으로 확장된다.

 퍼실리테이터는 회의나 활동을 촉진하는 사람으로 지원해 주는 역할을 한다. 사회자도 아니고 선두에 서는 것도 아니지만 이야기의 흐름을 만든다는 특징을 갖고 있다. 함께 자리한 사람들은 그를 주목한다. 수업시간에도 이야기한 후에 "가장 중요한 역할을 한 사람이 누굴까?" 하고 물어보면 퍼실리테이터 역할을 한 사람에게 표가 몰린다.

퍼실리테이터 역할을 한 사람은 눈에 띄는 무언가를 하지 않는다. 하지만 이 사람이 분위기를 형성시키고 전체적인 대화의 움직임을 파악하고 각 단계에 이야기를 정리해주었다는 사실을 모두가 인식하고 있다.

> △ **한 가지 더** 재미있는 이야기가 있어요.

> ◎ 여기서 잠깐 **정리해볼까요.**

나는 여러 프로그램에 해설가로 출연한다. 그럴 때 옆 사람이 숨을 들이마시는 느낌이 들면 내 발언을 삼간다. 숨을 들이쉰다는 것은 이야기를 하려고 준비한다는 뜻이기 때문이다. 나는 어떤 일에든 의견을 말할 준비를 하므로, 어떤 사건에 대해 이야기하고 싶어 하는 사람이 있으면 그 사람을 우선 배려한다. 다른 사람이 딱히 의견을 내지 않을 때 이야기를 하면 되니 말이다.

잠시 침묵하고 다른 사람에게 이야기를 양보하는 것은 퍼실리테이터의 중요한 능력이다. 자신의 의견을 우선하지 않고 대화가 잘 흘러가도록 유도하는 것은 조금은 자신을 죽이고 모두를 살리는 살신성인의 역할이라고도 할 수 있다. 사실 그렇게 하면 자기 자신이 더 살아난다.

어떤 순간에도 상대방의 말을 가로채지 않는다

최근에는 MC_{Master of Ceremony}라는 말이 자주 쓰인다. MC는 한 사람 한 사람의 개성과 능력을 끌어내는 일을 중시한다. 그 결과로 대화나 활동의 흐름이 원활해지도록 만드는 것이다. 퍼실리테이터나 MC는 화자가 다섯 명이 있으면 골고루 이야기하도록 만든다. 이야기를 하지 않은 사람이 있으면 "○○씨, 어떻게 생각하세요?" 하고 반드시 묻는다. 다섯 명이 있으면 네 명은 신이 나서 떠드는데 한 사람만 가만히 있는 경우를 쉽게 볼 수 있다. 퍼실리테이터나 MC 역할은 조용히 있는 사람을 이끄는

데 있다. 모두 골고루 말하게 하는 것은 대화의 분위기와 결과를 끌어내는 데 중요한 포인트다.

상대방의 이야기를 "맞아요. 그런 때가 있어요.", "나도 그래요."라며 받아주고 그대로 자신의 이야기로 가져가는 사람이 있다. 이는 상대에게 동조하면서 자신이 더 재미있는 이야기를 알고 있다는 듯이 이야기를 가로채는 행동이다.

△ 이 건은 **나도 잘 아는** 거예요.

◎ 이 건은 **○○ 씨도 잘 아시는** 거였지요.

텔레비전의 버라이어티 프로그램에도 그런 센 캐릭터가 있다. 생방송에서 남의 이야기를 가로채면 조용한 타입의 출연자는 설 자리가 없어진다. 방송에서는 그런 센 캐릭터가 살아남기 쉬울지도 모른다. 하지만 사회에서는 남을 누르고 올라서는 유형은 모두 멀리하기 마련이며 좋은 인간관계를 구축할 수 없다.

남의 이야기에 동조하고 자신의 화제로 가져가고 싶어도 참아야 한다. 그리고 질문을 통해 상대에게 이야기를 패스한다. 그런 리액션이 보통의 대화에서는 가장 좋다.

"성격이 좀 센 것도 캐릭터잖아요?"라고 반문할 수도 있다. 물론 개성은 있는 편이 좋지만 남들이 멀리한다면 소용없다. 실제로 긍정적인 느낌을 주는 버라이어티 프로그램은 누군가가 독점적으로 떠드는 장면이 적다. 이야기하는 사람이 'A가 아무 말도 안 했구나' 하고 자연스레 A에게 이야기할 기회를 넘긴다. A도 이야기를 하면서 'B가 말을 많이 못했네' 하고 이야기의 바통을 건넨다. 그렇게 잘 연결되면 프로그램 전체 분위기가 따뜻하고 즐거워진다.

일본 아이돌 그룹 중에서는 '아라시'가 그렇다. 다섯 명의 멤버가 골고루 이야기를 하는 것이 높은 인기 비결 중 하나라고 생각한다. 그들의 인터뷰에는 '저 멤버만 아무 말도 없네' 싶은 장면이 없다. 전원이 자연스럽게 이야기할 기회를 배분한다. 축구로 치면 공이 잘 패스되는 상황이다. 다시 말해 '나'를 내세우며 홀로 떠드는 사람이 없다. 아라시는 그런 편안한 모습으로 오래 사랑받았다. 좋은 팀워크는 보는 사람을 안심시킨다.

이야기의 적정한 길이를
자각한다

말을 너무 많이 하는 사람은 타인의 시간을 뺏고 있는 자신의 자기중심적 태도를 자각하지 못한다. 어째서일까? 그 원인 중 하나는 시간을 감각적으로 포착하지 못한다는 것이다.

대학에서 강의를 할 때 이야기하는 시간을 시각화하는 훈련을 한 적이 있다. 테이블에 물병을 놓고 몇 명이 팀을 짜서 3분씩 이야기를 한다. 이야기하는 당사자는 물병을 들고 있다가 말을 마치면 테이블에 물병을 내려놓는다. 다음 사람도 이야기를 시작할 때 물병을 들고 이야기가 끝나면 되돌려 놓는다. 이렇게 반복하는 것이다. 이렇게 하면 자신이 이야기하는 시간에 대해 '앗, 내가 계속 물병을 들고 있잖아' 하고 인지할 수 있다. 즉 적정한 시간 동안 이야기를 하고 마치게 되는 것이다. 이 훈련을 반복하자 혼자 오래 떠드는 버릇이 나아졌다.

반대로 침묵형인 사람도 바꿀 수 있다. 3분 동안 물병을 한 번도 들지 않은 사람은 '한마디도 안 했어. 이대로는 안 돼' 하고 자각한다. 이렇게 경험하면 다음에는 꼭 말을 하게 된다.

너무 오래 말하는 것도, 아무 말도 하지 않고 침묵하는 것도 좋지 않다. 대화에 참여했다가 빠지기를 반복하는 것이 중요하다. 대화의 중심에 들어가 이야기한 후에 살짝 빠지는 것. 그런 치고 빠지는 타이밍을 잘 익히도록 하자. 이에 능한 사람이 자리의 분위기를 주도하는 법이다.

서로를 잘 아는 친구여서 '저 친구는 수다쟁이', '이 친구는 조용한 타입'이라고 알고 있는 경우에는 굳이 이야기의 패스에 신경 쓰지 않아도 된다. 하지만 비즈니스 대화나 회의, 미팅을 할 때는 다르다. 모두가 골고루 이야기했을 때 좋은 의견과 아이디어가 나오고 관계도 원만해진다. 이때 이야기를 끌어내는 역할을 자신이 맡으면 좋다. 남의 이야기를 잘 끌어내는 단 한 사람의 존재가 대화와 회의의 성과를 좌우하기도 한다.

좋은 대화를 이끌려면 좋은 질문이 필요하다

화제를 가볍게 바꾸거나 배분하고 분위기를 띄우려면 '질문력'이 중요하다. 좋은 질문을 계속 던지면서 이야기의 흐름을 만들어가는 것이다. 질문하는 건 쉽지만 질문력이라고 하면 꽤 고도의 기술이 필요할지도 모른다고 생각하는가?

괜찮다. 비결만 알면 누구나 할 수 있다. 문맥을 통해 질문을 생각하면 된다. 구체적으로는 상대의 말에 '이라고 하면'을 붙이기만 하면 그만이다. '여행이라고 하면 오키나와지요' 하고 상대방의 말을 조금씩 바꾸며 질문을 만들어야 한다.

상대방이 '오키나와'라고 하면 "오키나와라면 혹시 돼지고기 요리 좋아하시나요?", "오키나와라면 최근에 국제선은 어떤가요?"라는 식으로 질문을 던진다. 그러면 문맥은 이어지면서 화제는 달라질 수 있다.

"저는 여행을 좋아해요."

"여행하면 오키나와?"

"맞아요. 지난달에 다녀왔어요."

"부럽네요. 오키나와 하니까 생각나는데 여주(오키나와 특산품—옮긴이)는 좋아하세요?"

"좋아해요. 그런데 이번에는 스쿠버다이빙만 하다가 왔어요."

"우와, 저랑 잘 맞는데요. 제 취미도 해양 스포츠거든요."

"해양 스포츠라고 하면…"

이런 식으로 이야기가 확장될 수 있고 즐거운 대화가 가능하다. '그러고 보니'도 마찬가지로 사용할 수 있지만 살짝 뜸을 들이는 느낌이 든다. 화제를 억지로 전환하는 표현은 사용하지 않는 것이 좋다. 이야기의 흐름이 끊어지기 때문이다.

'이라고 하면'이 딱 알맞은 표현이다.

이 표현을 이용해 질문하는 연습을 하면 어떤 화제든 다음

이야기로 연결시킬 수 있다. 대화를 전부 '이라고 하면'으로 연결해도 이야기는 계속된다. 화제가 서로에게 가볍게 연결되는 문맥이 좋은 대화가 가능해질 것이다.

> ✕ 무를 좋아하세요? 음, 그게….

> ◎ 무라고 하시니 어묵은 좋아하세요?

마음이 편안해야
대화도 잘 풀린다

예전 운동회에서는 '이인삼각' 정도가 아니라 '사십인 사십일각' 경기도 있었다. '팀에서 가장 느린 사람이 누군지 알 수 있겠다' 싶을지 모르지만 꼭 그렇지도 않다. 고민을 많이 한 팀은 가장 느린 사람의 양쪽에 발이 빠른 사람을 배치하는데 그러면 의외로 빨리 나아간다. 이처럼 팀이란 서로 끌어주는 조직이다. 여유가 있는 사람이 그렇지 못한 사람을 돕는다. 그렇게 해야만 결속이 되고 성과도 나온다.

하지만 여유 있는 사람도 지칠 때가 있다. '나는 늘 다른 사람만 도와주다가 끝나는 것 같아'라며 지겨워하기도 한다. 어디서는 분위기를 띄워주고 다른 곳에서는 의견을 자제하고 친구에게 발언 기회를 양보하며 신경 쓰다 보니 부담이 커지는 것이다. 남을 돕는 데 시간과 힘을 쓰다가 정작 자신은 돌보지 못한 상태가 된다. 그럴 때 중요한 것이 아들러 심리학에서 중시하는 '과제 분리'라는 사고법이다.

'이 과제를 끝까지 마주하고 책임을 지는 것은 누구인가?'를 생각한 후, 그것이 자신이 아니라면 최적의 인물에게 맡기면 된다. 그리고 본인은 자신의 과제에 전념하는 것이다. 자신의 과제도 아닌 일을 떠맡으면 좋지 않은 결과를 초래한다. 그러니 무리해서 떠맡지 않도록 하자. 이렇게 생각하면 된다.

> ✕ 인생은 무거운 짐을 지고 먼 길을 가는 것과 같다. **인생은 고독한 싸움**이다.

> ◎ 등에 진 짐을 가급적 가볍게 만들자. **인생은 팀플레이야.**

팀에서 맡아온 역할을 내려놓는 일을 자신이 너무 나약해서라고 자책하지 말자. 그동안 너무 많은 일을 안고 있었다는 사실을 인정해야 한다. 회사에서라면 무리하게 지고 있었던 일을 상사와 의논해 맡기자. 상사는 흔쾌히 받아들일 것이다. 직원을 돌보고 최적의 업무 환경을 지원하는 것은 본래 상사의 일이기 때문이다. "그동안 힘든 걸 몰라줘서 미안해."라고 할 것이 틀림없다.

이렇게 일을 내려놓는 일은 흔히 있다. 교육 현장에서도 그렇다. 예를 들어 비상근 교사에게 학생의 심리문제에 대한 상담을 맡기면 "비상근이니 맡기 어렵습니다."라며 전임 교사에게 넘기기도 한다. 얼마 후에 전임 교사가 "이건 심리를 전공한 선생님이 적임자야." 하고 심리 전문 교사에게 넘기는 일도 있다.

대화나 전반적인 인간관계도 다르지 않다. 자신이 할 수 있는 일은 맡기지 않아도 알아서 부담 없이 그 역할을 해낼 수 있다. 하지만 피로를 느끼면 이야기를 다른 사람에게 넘기듯이 역할을 적임자에게 분담하면 된다. '끝까지 못 해내면 무책임하다'거나 '약한 소리를 하면 어른스럽지 못해'라는 구식 가치관에 발목이 잡히는 일이 없도록 하자. 이런 가벼움이야말로 급변하는 시대 속에서 '저 사람만 있으면' 하고 신뢰를 얻는 비결이다.